当代高校英语教学基础与应用研究

孔繁婷 ◎ 著

汕頭大學出版社

图书在版编目（CIP）数据

当代高校英语教学基础与应用研究 / 孔繁婷著. --汕头：汕头大学出版社，2023.8
ISBN 978-7-5658-5126-1

Ⅰ．①当… Ⅱ．①孔… Ⅲ．①英语－教学研究－高等学校 Ⅳ．① H319.3

中国国家版本馆 CIP 数据核字（2023）第 167208 号

当代高校英语教学基础与应用研究
DANGDAI GAOXIAO YINGYU JIAOXUE JICHU YU YINGYONG YANJIU

| 著　　者：孔繁婷 |
| 责任编辑：邹　峰 |
| 责任技编：黄东生 |
| 封面设计：优盛文化 |
| 出版发行：汕头大学出版社 |
| 　　　　　广东省汕头市大学路 243 号汕头大学校园内　邮政编码：515063 |
| 电　　话：0754-82904613 |
| 印　　刷：河北万卷印刷有限公司 |
| 开　　本：710mm×1000mm　1/16 |
| 印　　张：13.5 |
| 字　　数：200 千字 |
| 版　　次：2023 年 8 月第 1 版 |
| 印　　次：2023 年 9 月第 1 次印刷 |
| 定　　价：78.00 元 |
| ISBN 978-7-5658-5126-1 |

版权所有，翻版必究

如发现印装质量问题，请与承印厂联系退换

前　言

大学英语教学承担着多重任务，如培养学生的语言基本功、培养学生的跨文化交际能力、培养学生宽广的国际视野、培养学生的文化自信等。对此，英语教育者要积极构建科学、综合、新型的英语教学模式，以更好地完成大学英语教学任务，实现学校的办学目标，助推学生发展。

本书主要针对高校英语教学的基础理论和应用实践展开论述，内容广泛，在深刻把握高校英语教学的实质与特点、理论基础、原则与构成要素、方法与手段、发展历程等的基础上，对高校英语听力教学、高校英语口语教学、高校英语阅读教学、高校英语写作教学等进行了进一步阐述，并就当代语境下高校英语教学与信息技术和网络的融合进行了分析。另外，鉴于多模态是近年来研究较多的课题之一，本书也专门用一章的篇幅去做了介绍。最后，本书就高校英语教学的创新性发展路径进行了论述，并分析了高校英语教学的未来发展趋势。总而言之，本书以理论研究为基础，力求对高校英语教学进行全方位、立体化的综合分析，以期为高校英语教学的建设贡献微薄之力。

由于时间紧促，加上个人水平有限，书中难免存在不足之处，恳请广大读者批评指正。

目 录

第一章 高校英语教学概述 ················ 001
第一节 高校英语教学的实质与特点 ················ 003
第二节 高校英语教学的理论基础 ················ 005
第三节 高校英语教学原则与构成要素 ················ 013
第四节 高校英语教学方法与手段 ················ 026
第五节 高校英语教学的发展历程 ················ 030

第二章 高校英语听力教学 ················ 035
第一节 高校英语听力教学的理论基础 ················ 037
第二节 高校英语听力教学方法 ················ 043
第三节 基于图式理论的高校英语听力教学创新实践 ················ 048

第三章 高校英语口语教学 ················ 059
第一节 高校英语口语教学的理论基础 ················ 061
第二节 高校英语口语教学方法 ················ 065
第三节 高校英语口语教学与教育机器人辅助教学的创新实践 ······ 069

第四章 高校英语阅读教学 ················ 079
第一节 高校英语阅读教学的理论基础 ················ 081
第二节 高校英语阅读教学方法 ················ 092
第三节 高校英语阅读教学与任务型教学法创新实践 ················ 107

第五章　高校英语写作教学 …… 113
第一节　高校英语写作教学的理论基础 …… 115
第二节　高校英语写作教学方法 …… 122
第三节　高校英语写作教学与 PBL 的创新实践 …… 123

第六章　跨文化交际背景下高校英语教学探索 …… 129
第一节　高校英语文化教学简述 …… 131
第二节　高校英语教学中跨文化教育的内容和实施路径 …… 137
第三节　基于跨文化交际的高校英语教学模式的构建 …… 142

第七章　当代语境下高校英语教学创新 …… 157
第一节　信息化时代高校英语教学创新 …… 159
第二节　基于网络的高校英语教学模式创新 …… 169

第八章　高校英语多模态课堂教学探索 …… 181
第一节　多模态分析 …… 183
第二节　高校英语多模态课堂教学模式的构建 …… 187
第三节　高校英语多模态课堂教学评估体系 …… 190

第九章　高校英语教学的发展路径与趋势 …… 197
第一节　高校英语教学的创新性发展路径 …… 199
第二节　高校英语教学的未来发展趋势 …… 202

参考文献 …… 207

第一章　高校英语教学概述

第一节 高校英语教学的实质与特点

高校英语教学是教师的教和学生的学相统一的过程，是教师为达成特定的教学目标，在一定技术和方法的支持下，引导学生自觉、积极地学习，掌握语言知识和技能的过程，其实质和特点如下。

一、高校英语教学的实质

高校英语教学的实质远远超过了语言教学的范畴，其更重要的是文化教学。以下就分别从语言教学和文化教学两个方面来进行阐述和说明。

（一）高校英语教学属于语言教学范畴

英语是一种语言，是一种语言交际工具，由此，人们可以将围绕其进行的一切教和学的过程称为语言教学。

我国学生是将英语作为第二语言进行学习的，所以围绕英语开展的教学活动也可以称为外语教学。纵观人类外语教育的发展史，任何一种外语教育都与知识教育有着密切联系，重视外语基础知识的教学对开展外语教学意义重大。从这个角度来说，英语教育的目的就是要使学生具备运用英语的能力。

需要注意的是，那些不是教授语言如何使用而是以语言知识为基础进行的研究行为不属于语言教学范畴。特别是一些对如今已经不再使用的语言形式的研究，如对古汉语的研究，与人们通常理解的语言教学是完全不同的，因此要将两者进行区分。

（二）高校英语教学与文化教学在某些层面具有一致性

自古以来，语言和文化就有着不可分割的关系，语言是以文化为基础产生的，同时承载和反映着文化。在对大学生进行英语教学的过程中，不仅需要让他们对基础的语言知识有一个基本的掌握，还要让他们对英语的背景文化知识有一个基本的了解，从而提高他们综合运用语言的能力。如果从这个层面进行理解，那么英语教学和文化教学在某些层面是一致的。

二、高校英语教学的特点

高校英语教学作为高校教育的重要组成部分，是一门探究高校英语教学目标、教学内容、教学原则、教学模式、教学方法，以全面培育大学生面向未来发展的英语运用能力和综合素质的学科，具有以下特点。

（一）高校英语教学具有基础性

高校英语课中教授的内容和技能是学生学习英语需要掌握的基础内容和基础技能。只有掌握基础内容以及基础技能，大学生才能具备一定的英语应用能力。

（二）高校英语教学具有未来性

高校英语教学面向学生的未来，在传授知识、英语技能和培养学生综合素质时要考虑到学生的未来发展，不断完善英语教学策略。

(三)高校英语教学具有全面性

高校教育的根本目标是让学生接受教育后得到全面发展，这要求高校英语教学必须注重学生综合素质的培养。

以上是通过高校英语教学活动总结出的高校英语教学的特点，可引导教师面向未来培养学生的英语运用能力与综合素质。

第二节 高校英语教学的理论基础

随着社会的不断进步和时代的飞速发展，英语这一学科的改革和发展逐渐受到各方面的关注和重视，教育界也开始以新的视角对英语教学理论进行研究。下面将对此进行具体的分析和探讨，希望能够指导和帮助各个高校的教师顺利地开展英语教学。

一、语言功能理论

英国学者韩礼德（Halliday）是功能学派的标志性人物，他致力于从社会功能层面研究语言，主张语言是不断变化的，语言的社会功能也会相应地对其本身产生一定的影响。这就有必要对语言的充分使用进行探究，这样才能了解语言的全部功能。下面将具体阐述韩礼德提出的语言功能理论。

(一)微观功能

微观功能主要出现在儿童进行母语学习的初始阶段，主要包括以下七种功能：①个体功能；②交流功能；③想象功能；④启发功能；⑤工具功能；⑥控制功能；⑦告知功能。

（二）宏观功能

与微观功能进行比较可以发现，宏观功能更加复杂、更加丰富、更加抽象。宏观功能是儿童从原型语言向成人语言过渡时产生的语言功能，主要分为两种。

1. 实用功能

实用功能由儿童学习语言早期阶段微观功能中的工具功能、控制功能和交流功能演变而来，并发展成了成人语言中的人际功能，要求儿童把语言作为做事的一种方式和手段。

2. 理性功能

理性功能衍生于儿童学习语言早期阶段微观功能中的个人功能、启发功能，在成人语言阶段发展为概念功能，要求儿童把语言当作学习知识和观察事物的一种手段和途径。

（三）纯理功能

韩礼德提出的纯理功能对语言学派有着不可忽视的影响，主要包括以下三个方面。

1. 人际功能

人际功能指的是语言具有的表明、建立与维护社会关系方面的功能。运用这种功能，讲话的人能够在某种环境下将自己真实的想法、推断和态度进行完整表达，并在一定程度上对他人产生影响。

2. 篇章功能

篇章功能是指语言所具有的创造通顺的话语和连贯的篇章，并且切合题目的功能。在韩礼德看来，语篇其实是具有一定功能的语言。

3. 概念功能

概念功能是指人们运用恰当的语言对自己亲身经历的事情和自身感想进行概述的功能。也就是说，人们通过概念来对经验进行解码，从而达到对事物进行表达及阐述这一目的。

在韩礼德看来，基本上每个句子都可以在一定程度上体现出上述三种功能，且这三种功能通常是并存的。韩礼德的观点不仅为人们研究语言的本质提供了新的角度，有助于语言学界对语言的进一步理解和探究，还为后来产生的交际法教学流派建立了一定的理论基础。

二、言语行为理论

20世纪50年代，奥斯汀（Austin）创立了言语行为的相关理论。随后，来自美国的塞尔（Searle）又在其基础上进行了完善，并逐渐形成一种用来解释人类语言与交际的理论，即言语行为理论。该理论不仅促进了语言教学的发展，还为意念大纲的产生和发展提供了理论基础。在一般的语言教学与大纲设计当中，言语行为通常被叫作"功能"或"语言功能"。下面主要介绍奥斯汀和塞尔的言语行为理论。

（一）奥斯汀的言语行为理论

1. 话语分类

奥斯汀将话语分成了两类：一是表述句；二是施为句。

（1）表述句。表述句是指用于描写客观事物、报道客观事件、陈述客观事实的句子。表述句表述的内容有真假之分，能够验证。比如，"Robert is lying in bed."这句话，Robert如果真躺在床上，就代表此句话为真；Robert如果没躺在床上，就代表此句话为假。

（2）施为句。施为句是指通过创造新事态来对世界进行改变的句子。施为句表述的内容是不能进行验证的，也就没有真假之分。比如，"I call the toy horse spirit."这句话是没办法进行验证的，不知道真假。

由此看来，上述两类句子主要的区别是，前者以言指事、以言叙事，后者则以言行事、以言施事。

2. 三分说理论

奥斯汀提出的三分说理论具体包括以下几个方面。

（1）以言指事的行为。该行为是指移动发音器官，发出语音，按照一定的规则将这些语音排列成相应的词组或句子。说出的内容对说话者而言是有意义的，对听话者而言是可以理解的。

（2）以言行事的行为。该行为是指采用说话的方式来实施相应的行为或做事。该行为表明的是说话人的意图（语力）。奥斯汀把该语言行为分成了五类：①评价行为；②施权行为；③承诺行为；④论理行为；⑤表态行为。

（3）以言成事的行为。该行为是指言语表达的效果，这往往依赖语境。这里要特别表明的一点是，以言成事的行为和以言取效的行为可以通过言语产生相应的结果，且不管结果怎样，都与说话人的意图没有关系。

（二）塞尔的言语行为理论

塞尔对言语行为进行了分类，并在奥斯汀言语行为理论的基础上，提出了间接言语行为理论。

1. 言语行为的分类

（1）承诺类。该分类指说话的人对未来的行为进行的不同程度的承诺。承诺类以言行事行为的动词有 threaten、guarantee、promise、commit 等。

（2）表达类。该分类指说话的人具有的某种心理状态。表达类以言行事行为的动词有 apologize、welcome、regret、boast 等。

（3）断言类。该分类指说话的人针对某一事情做出的判断和呈现的态度。断言类以言行事行为的动词有 state、remind、inform、claim 等。

（4）宣告类。该分类指说话的人要表明的命题的相关内容和客观现实是相同的。宣告类以言行事行为的动词有 nominate、announce、declare、resign 等。

（5）指令类。该分类指说话的人指使或者命令别人去做相应的事情。指令类以言行事行为的动词有 invite、order、advise、suggest 等。

塞尔提出的分类方法由于具有科学性和实用性，至今仍在使用。

2. 间接言语行为理论

间接言语行为是指一个施事行为间接地通过另一个言语行为来表达或完成。比如，"Can you pass the bottle for me？"这句话表面上看是在询问，但其实是在表达请求。也就是说，在该句中，请求是借助询问的方式来间接实施的。塞尔还提出把间接言语行为分为两类：第一，规约性间接言语行为。该行为一般是基于对听话人的礼貌的行为，并且依据说话人使用的句法形式可以推断出相应的语意。第二，非规约性间接言语行为。该行为相对复杂，并且要求依据交际双方的共识语言信息对当下的处境等情况做出合理判断。

三、二语习得理论

20世纪60年代，一些学者开始研究人们获得语言能力的机制，尤其是获得外语能力的机制，并结合包括语言学和社会学等在内的多门学科，逐渐发展成第二语言习得学科，通常简称"二语习得"。20世纪的70年代，人们开始从不同角度对二语习得进行研究，而且研究方法各有特色。埃利斯就在其撰写的《第二语言习得概论》中指出，第二语言习得研究正在向多个角度扩展，所对应的研究理论来源及视角也是多种多样的（如心理学角度、神经语言学角度等）。目前，第二语言习得的相关理论正在不断产生和发展，这些都得益于研究人员的不断研究。下面介绍其中的两个理论。

（一）普遍语法理论

1. 基本内涵

乔姆斯基与支持乔姆斯基理论的人认为，人们具有的普遍的语言方面的知识都是通过遗传获得的，因此乔姆斯基将这种来自先天的知识叫作"普遍语法"。[①] 普遍语法理论一方面强调的是先天的语言机制对语言习得产生的作用，另一方面强调语言中存在的规律性对语言习得产生的作用。如果这种天赋不存在，第一语言和第二语言都将不复存在。这是因为在语言习得时，语言的有关数据不够充分，还不足以产生习得这一行为。所以，乔姆斯基认为语言在一定程度上也是说话人本身心理活动产生的相应结果。[②] 这就好像婴儿天生就有语言学习能力，在他们犯了语言错误时，不需要纠正，随着年龄的逐渐增加，他们就会从生活中逐渐总结经验，从而进行自我纠正。有一部分人在使用语言的过程中，总是习惯通过语法核对，保证话语的正确性，其实这就是通过学习这一行为进行的自我监控。当这些人的语言水平随着年龄的增加而不断提高后，自我监控的情况就会相对变少。所以，从本质上讲，语言不需要进行专门的学习，但是也不能违反其规则。普遍语法模式里的基本概念既包括原则，也包括参数，这两者分别对不同语言的共性和差异性进行了具体的讨论和解释。

2. 普遍语法理论与二语习得

普遍语法理论强调第二语言的获得过程是以语言相应的参数值为基础的，并且将第一、二语言当中体现的语言规律和特性与第二语言习得的过程相结合，从而对习得的现象进行具体的解释和分析。该假设想要证明第二语言来源于相对独立的语言机制，并不来源于认知系统。该假设的优点为，以最新的原因理论为基点，对二语习得进行探究，同时引起相关研究者对语言迁移现象的认识和评估。

然而，有不少学者对普遍语法理论持怀疑的态度。而且，该理论相较其他理论来讲较为抽象，不能从根本上对具体的教学实践产生积极的作用，这在一定程度上影响了其在二语习得中的适用度。

---

① 乔姆斯基.句法结构[M].2版.陈满华,译.北京：商务印书馆，2022：49.
② 乔姆斯基.句法结构[M].2版.陈满华,译.北京：商务印书馆，2022：52.

（二）语言监控理论

20世纪70年代，来自美国的克拉申（Krashen）针对二语习得提出了影响深远的语言监控理论。语言监控理论的提出对传统重视语法的外语教学产生了较大的冲击。该理论主要由五个假设组成，下面进行具体分析。

1. 习得/学习的假设

在此种假设当中，克拉申以"学习"和"习得"两者之间的差别为研究重点，将两者进行了明确的区分：习得是学习者下意识获得语言的过程；学习是学习者有意识采用各种方式进行语言学习的过程。同时，他从神经语言学的层面进行分析，说明了通过学习获得的知识和习得的知识分别储存在大脑的不同部位。

2. 自然顺序的假设

该假设主张人类对语言结构知识的相关习得都是遵循一定的自然顺序进行的。该假设虽然没有要求人们依据一定的自然顺序进行教学大纲的制定，但事实上如果想要习得相应的语言能力，就要按照一定的语法顺序进行教学。

3. 监控的假设

监控的假设与习得/学习的假设是紧密相关的，在一定程度上体现出了语言习得与学习的内在关联。二语习得就应该像幼儿习得母语一样。幼儿学语言从来不是被人有意识地教过，也不是自己有意识地学习过。他们和成年人（通常是父母）进行的大量语言交流活动是在真实情景中进行的交流活动。他们使用语言的能力来自无数次下意识的语言交流。因此，在高校英语教学中，教师应为学生学习第二语言创造更为多样的语言学习环境，让学生像幼儿习得母语一样去习得第二语言。比如，过去教学中采用的一些方法强调模拟一种真实的习得语言的场景，这正是这种观念的一种反映。

由此可以看出，语言习得和学习的作用各有千秋。语言习得系统实则是人体的潜意识语言知识，是真正的语言能力。语言学习系统则是一种有意识的语言知识，主要是在第二语言运用的过程中起监控和编辑的作用，该监控作用既可以在语言输出之前发挥，也可以在语言输出之后发挥。需要注意的是，监控作用是否能得到充分发挥，还要看时间、形式和规则这三个条件。

相较书面表达，口语表达更加注重说话的内容，而容易忽略其语法规则与形式，因此如果在说话的过程中进行语法监控，就会在一定程度上对说话产生影响，造成说话结巴，从而影响语言交流。因为作者在写作的过程中有充足的时间进行反复推敲，所以书面表达一般更加符合语法规则。

4.输入的假设

输入的假设是克拉申语言习得研究理论的重点。他认为，语言习得者只有接触到"可理解的语言输入"，也就是说接触到的第二语言输入内容稍高于习得者具有的语言水平，并且该习得者既能从形式上进行理解，又能从意义和信息两个方面进行理解的时候，语言习得才能够产生。[1]这就是"$i+1$"理论。其中，"i"表示习得者现在的语言水平，"1"则代表稍高于习得者语言水平的内容和材料。

5.情感过滤的假设

情感过滤的假设主张，有相应的可理解输入的环境≠学好目的语，二语习得还受许多情感因素的影响。语言输入只有经历了情感过滤的考验，才能够真正吸收。克拉申还认为，影响习得语言的情感因素包括动力、性格和情感状态等。[2]

以上从语言功能理论、言语行为理论以及二语习得理论对高校英语

---

[1] KRASHEN S D. Principles and practice in second language acquisition[M].Oxford: Pergamon Press, 1982：4.

[2] KRASHEN S D. Principles and practice in second language acquisition[M].Oxford: Pergamon Press, 1982：20.

教学的理论基础做了简单介绍，这些理论对高校英语教学具有非常重要的意义。

第三节　高校英语教学原则与构成要素

一、高校英语教学的基本原则

（一）交际性原则

语言是交际的工具，人们主要通过语言来交流思想、传递信息。交际是在特定语境中说话者和听话者、作者和读者之间进行的意义转换。由此可以得出以下几点结论：①交际包括口语交际和书面语交际两种交际形式；②交际总是发生在一定的语境之中；③交际需要两个以上的人参与并产生互动。

学习英语的首要目的就是使用英语进行交际，而英语教学的首要目标就是培养学生的交际能力。交际能力的核心就是人们能够运用所学的语言知识在不同的场合与不同的对象进行有效的、得体的交际。因此，教师在英语教学中首先要贯彻交际性原则，使学生能用所学的英语与人交流。

（二）灵活性原则

语言是一个充满活力、不断发展的开放性系统。语言本身的性质以及学生的自身特点要求教师在英语教学中要遵循灵活性的原则，即在教学方法、语言使用方面做到灵活多样，富有趣味性。

1. 教学方法的灵活性

英语教学史上曾经出现多种不同的教学方法，如语法翻译教学法、视听教学法、交际教学法等，每种方法都有其自身的优势与不足，教师应该兼收并蓄，切忌拘泥于使用某一种所谓流行的教学方法。英语教学包括语言知识和语言技能两个方面的内容，语言知识包括语音、词汇、语法等内容，不同的语音项目、不同的词汇项目、不同的语法项目都具有不同的特点。语言技能包括听、说、读、写四个方面，其中又包括许多微技能。同时，学习者存在个体差异。因此，教师在英语教学过程中要结合学生实际、教学内容，灵活采用多种教学方法，开展多种多样的教学活动，使英语课堂新鲜有趣，从而激发学生学习英语的热情，挖掘学生的潜能。

2.语言使用的灵活性

英语学习的关键在于使用，教师要通过自己灵活地使用英语来带动和影响学生使用英语。教师应尽可能地用英语组织教学、用英语讲解、用英语提问、用英语布置作业等，使学生感受到自己所学的英语是活的语言。英语教学的过程不应是学生听讲和做笔记的过程，而应是学生积极参与，运用英语来实现目标、达成愿望、体验成功、感受快乐的有意义交际活动过程。另外，教师还可以通过布置具有灵活性的作业使学生灵活地使用英语。作业的布置应侧重实践能力的培养，如可以让学生用磁带录制口头作业，让学生轮流运用英语进行值日报告、陈述和评议新闻等。

（三）宽严结合的原则

如何对待学生在学习过程中出现的语言错误？这就要遵循宽严结合的原则。外语学习需要经过一个漫长的内化过程，学生从开始只懂母语到最后掌握一种新的语言需要经过许多不同的阶段。从中介语的观点看，在各个阶段，学生使用的语言是一种过渡性语言，它既不是母语的翻译，也不是将来要学习的目标语。这种过渡语免不了有错误。传统的分类方法将错误分为语法错误、词汇错误和语言错误。语法错误又被进一步分为冠词错误、时态错误、语态错误等。这种分类方法主要基于语言形式，忽视了语言的交际使用。对各种错误的分析是第二语言习得研究的重要课题，因为通过对这些错误的分析可以发现学生的学习策略，而这些策略也正是学生产生这些错误的原因。其中，第一个原因就是迁移。许多人都想当然地认为迁移是外语学习者产生错误的主要原因，但是许多研究表明，由母语干扰造成的错误在所有错误中占的比例并不高。第二个原因是过度概括。学习者可能会根据自己所学的语言结构做出概括，然后去创造出一些错误的结构。

对待错误，一些教师采取了两种极端的做法，这两种做法都是不可取的。一是把语言错误看得非常严重，"有错必纠"。采取这种做法的教师的理由是学生正处在英语学习的初期，一定要学到正确的东西；如果对学生的语言错误听之任之，一旦养成习惯就很难改过来了。所以，在学生讲英语时，这些教师往往会抓住学生的错误不放。这样很容易挫伤学生学习英语的积极性，使他们十分害怕犯错误，久而久之就不敢开口讲话了。另一种极端的做法是对学生的语言错误视而不见。采取这种做法的教师的理由是熟能生巧，只要多说就能慢慢自我改正这些错误。这类教师强调的是学生语言的流利程度，结果导致学生毫不注意语言的准确性。

语言错误是学习英语过程中的必经阶段。出错—没意识到错误—出错—意识到错误—出错—自我纠正错误，是每一个英语学习者学习英语都必然要经历的一个过程，没有这个过程就不可能流利地说英语。因此，教师要鼓励学生说英语，不要怕出错，而且要耐心地倾听学生"支离破碎"的英语，并给予纠正和指导。一方面，教师要坚持用正确的语言，以创造良好的英语学习环境，使学生在无形中受到熏陶；另一方面，当学生的语言错误影响到信息的传递时，教师要在鼓励的前提下进行必要的纠正，从而保证学生以后使用英语的准确性。也就是说，在英语教学中，教师应该遵循宽严结合的原则：当以交流为目的时，对学生的语言错误采取宽容的态度；当以语法学习为目的时，则采取严格的态度。这样，既可以鼓励学生大胆使用英语，又能确保学生打下扎实的语言基础。

另外,教师在高校英语教学中也要正确处理准确和流利之间的关系。正确的做法是"既要强调准确性,又要重视流利程度"。这也适用宽严结合的原则:对于英语基础薄弱的学习者,教师不要过分纠正他们语言中的错误,而要更多地鼓励他们使用英语进行交际;对于中等以上英语水平的学习者,教师可以适当地纠正他们语言中的偏差,但是要以不打击他们的学习积极性为前提。

(四)兴趣性原则

我国古代教育家孔子把学习分为三个不同的层次,即知学、好学和乐学,认为"知之者不如好之者,好之者不如乐之者"(《论语》)。兴趣是最好的教师,是推动学生学习英语的强有力的动力。学习兴趣是学生积极探究某种事物并带有感情色彩的认识倾向。它可以使学生在学习活动中变得积极主动,从而获得更好的学习效果。学习兴趣有定向功能、动力功能、支持功能和偏倾功能。①定向功能。学习兴趣作为影响学习过程的一种非智力因素,其作用较明显,也较持久,它往往决定着学生的进取方向,为学生一生的事业奠定基础。②动力功能。学习兴趣与人的情感活动密切相关,可以直接转化为学习的动力。当学生对英语学习具有浓厚的兴趣时,学习就不再是一种负担,而是一种乐趣。③支持功能。英语学习需要经历一个漫长而又复杂的学习过程,伴随着许多的困难与挫折,学习兴趣在学生克服困难、战胜挫折、保持旺盛的精力方面起着重要的作用。④偏倾功能。人们往往从自己的兴趣出发去审视事物,表现在英语学习上就是每个学生的兴趣不同,学习的侧重点也就有所不同。有的学生对记忆单词感兴趣,有的学生喜欢阅读英语文章,还有一些学生喜欢用英语写东西。对此,教师需要基于学生原有的学习侧重点对学生进行引导,使学生全面发展。

(五)输入输出原则

所谓输入,是指学生通过听和读接触英语语言材料;所谓输出,是指学生通过说和写来表达。心理语言学研究表明,输出建立在输入的基础上，输入是第一性的，输出是第二性的。首先，在学习英语的过程中，人能理解的总是比能表达的要多。换言之，人能听懂的永远比能说的要多，能读懂的又比能写的多。人能欣赏小说、散文和诗歌等优秀的文学作品，但他并不一定能写出来。其次，语言输入的量越大，语言输出的能力就越强。也就是说，人听的东西越多、读的东西越多，他的表达能力也会越强。有效的语言输入应具备以下三个方面的特点：第一个特点是可理解性。如果学生不能理解所输入的语言，那么这些输入无异于噪声，是不能被接受的。第二个特点是趣味性或恰当性。所输入的语言材料还要使学习者感兴趣。要使学生对语言输入感兴趣，教师最好使他们意识不到自己在学外语，引导他们把自身注意力放在意义上。第三个特点是有足够的输入量。目前的外语教学低估了语言的输入量的重要性。要习得一个新句型单靠做几个练习甚至读几段语言材料是远远不够的，还需要数小时的泛读以及许多的讨论。

二、高校英语教学的构成要素

（一）学生

1.学生的角色

在高校英语教学过程中，学生扮演着以下四种角色。

（1）主人翁。学生是英语课堂的主人翁，经过教师的有效指导，他们不但学到了英语知识，具备了英语交际能力，而且在学习过程中通过对知识的探索、发现、吸收和内化等形成了独立自主的学习能力，并树立了科学的世界观、人生观和价值观。

（2）参与者。作为英语教学的参与者，学生应积极主动地参与各项活动，积极思考，勤于表达，在活动中充分展示自己的才能，提高自己的沟通、理解、协调能力。

（3）合作者。课堂教学活动的开展离不开教师与学生、学生与学生之间的相互配合。因此，学生应与其他成员积极合作，并在合作过程中互相学习、互相帮助、彼此促进、共同提高。

（4）反馈者。在英语教学中，学生对教学的反馈是教师改进教学的重要依据，可以帮助教师及时纠正和调整教学思路与措施。因此，学生应与教师及时、真诚地交流自己的学习感受，就教学法的实用性向教师提出建议或意见，以此促进英语教学的发展。

2.学生的个体差异

教育的根本目的在于培养人，教师必须根据学生的个体差异选择适合的教学材料和方法，制订教学计划。因此，教师掌握学生生理、心理发展的规律和个体差异具有重要的教学实践意义。

（1）智力差异。智力即认识方面的能力，它是观察力、注意力、记忆力、思维力和想象力的总和，也是解决问题和学习的一种能力。

许多学者都对智力进行过不同分类，目前被广泛认可的分类是霍华德·加德纳（Howard Gardner）的多元智力理论，这种理论能够很好地适应不同情景下智力分类的需要。加德纳认为，"智力"是指特定文化背景下的一种解决问题或制作产品的能力。[1]人类智力包括以下八种类型。

①数学逻辑智力：敏感的辨别能力、逻辑或数字的思维方式、进行连锁推理的能力。

②自我认知智力：能对自己的感觉进行把握和辨别的能力，以及利用自己的感觉指导行为，了解自己的长处、弱点、需要和智力的能力。

③身体运动智力：对身体运动的控制能力以及熟练的器械操作能力。

④自然认知智力：对自然物种的敏感性，能够进行精细的感觉辨别。

---

[1] 加德纳.智能的结构[M].沈致隆，译.北京：中国纺织出版社，2022：63.

⑤空间智力：对视觉空间精确的感知能力，并能够对最初的感知进行修正。

⑥人际智力：辨别他人的脾气、心情、动机和需要的能力以及做出恰当反应的能力。

⑦音乐智力：对节奏、音调和音质的创造能力和欣赏能力，对音乐表达方式的欣赏能力。

⑧语言智力：对声音、节奏和词义的敏感性，对语言不同功能的敏感性。

智力水平与英语学习存在一定的关系，在一定程度上能够影响语言学习者能取得何等程度的成功。在英语学习过程中，智力对词汇学习、语法学习、阅读学习、写作学习影响较大，对听力学习和口语学习的影响要小得多。因此，高校英语教师要注意学生在智力因素上的差别，避免在教学过程中"一刀切"，要给不同的学生分配不同的学习任务，提出不同的学习要求。同时，教师不能因智力差别而用不同的标准去衡量学生的口语能力，对学生的口语能力的要求应尽量统一。

（2）语言潜能差异。语言潜能是一种固定的天资，指学习外语的能力倾向或学习外语所需的认知素质。语言潜能是就学生的现在学习能力来预测其学习外语的潜在能力。

卡罗尔（Carroll）认为，外语学习的能力主要包括四个方面：归纳性语言学习能力、联想记忆能力、语法敏感性、语音编码解码能力。[①] 归纳性语言学习能力是有关语言材料的组织和操作能力；联想记忆能力是关于新材料的吸收和同化的能力；语法敏感性是从语言材料中推断语言规则的能力；语音编码解码能力是关于输入处理的能力。

学生在语言潜能上存在着明显的个体差异。因此，教师应努力了解

---

① 卡罗尔.语言心理学[M].4版.缪小春，译.上海：华东师范大学出版社，2007：59.

学生的语言潜能，使学生针对不同的学习任务在不同场合发挥各自的长处，以获得事半功倍的效果。

（3）认知风格差异。认知风格又称"认知方式"，指个体在认知过程中表现出来的习惯化的行为模式。具体来说，就是个体在接受、储存、转化、提取和使用信息等信息加工过程中表现出来的认知组织和认知功能方面持久一贯的风格。

不同的学习个体具有不同的认知风格。不同的认知风格有着各自的优势与劣势，但认知风格与学习者的成绩并没有必然联系。认知风格对教学活动的影响主要表现在以下两个方面。

第一，认知风格会影响学习策略和教学策略的选择。

第二，当学生的认知风格与教师的教学风格、学习环境中的其他因素吻合时，学生的学习成绩会更好。

因此，为了有效开展教学活动，一方面，教师应充分了解并尊重学生不同的认知风格；另一方面，教师应结合自己的教学特点与学生的认知特点，根据不同的学习任务、学习环境，采取不同的教学方法，以取得良好的教学效果。

（4）情感差异。

①态度。态度是人们在自身道德观和价值观基础上对人或事物的评价和行为倾向。态度由以下三种成分组成。

a.认知成分。认知成分指对某一目标的信念。

b.情感成分。情感成分指对某一目标的好恶程度。

c.意动成分。意动成分指对某一目标的行动意向及实际行动。

一般来说，封闭自我或对他族文化具有轻蔑、厌恶甚至仇视态度的学生难以取得理想的学习效果；求知欲旺盛、好奇心强的学生往往对异域文化感兴趣，并渴望了解其历史、文化与习俗，因而持有积极的学习态度，往往可以获得良好的学习效果。

②动机。学习动机是指激发个体进行学习活动、维持已引起的学习

活动，并使行为朝向一定的学习目标的一种内在过程或内部心理状态。学习动机通常可依据以下两个标准进行分类。

a.学习动机依动机产生的原因不同，可分为内在动机与外在动机。

内在动机是由学习者本身产生的，主要来自个人对英语的兴趣、好奇心等。拥有内在动机的学习者一般不会受到外界因素的干扰，他们往往关注英语学习过程本身。

外在动机指学习者学习英语并非出于自己的主观意愿，而是受到外力推动，如为了高分、升学、文凭、表扬等而学习英语。因此，一旦外部因素失去意义，拥有外在动机的学习者很可能会放弃学习英语。

b.学习动机按照学习目的不同，可分为融入型动机与工具型动机。

融入型动机又称"结合型动机"，指学习者学习语言的目的不仅是要掌握语言，还准备接受使用这种语言的人们的文化和生活方式，即融入第二语言社团中。

工具型动机指学习者是为了某些实际目的（如进行资料翻译、查找文献资料等）而学习英语，并不准备与英语社团进行交际。一旦学习者认为目的已经达到，动机便立即消失。

目前，融入型动机与工具型动机被认为是影响英语学习的重要因素，而且有融入型学习动机的学生往往比有工具型学习动机的学生更容易取得良好的学习效果。

③性格。性格是指人在一定的社会环境和教育的影响下形成的比较稳定的、具有核心意义的个性心理特征。它不但是学生的重要情感因素，而且是决定学生英语学习成功与否的关键因素之一。

在心理学上，人的性格主要有内向型和外向型两种。罗德·埃利斯（Rod Ellis）指出，性格倾向对英语学习能力的影响主要体现在英语学习的不同专业技能方面。①

---

① 埃利斯.心理学大师埃利斯经典作品集：理性情绪[M].李巍，张丽，译.北京：机械工业出版社，2015：46.

a.在英语的阅读理解方面，性格内向者深沉稳重，办事谨慎，这使其能够对有限的输入进行更深入细致的分析；而性格外向者在认知方式上属于短时记忆，容易受到外界因素的干扰。因此，高校英语教师在进行阅读训练时应帮助性格外向的学生集中注意力，激活相关背景知识，提高其认知的准确程度。

b.在英语的口语表达方面，性格外向者活泼开朗、热情大方，不怕出错，善于交际，能获得较多的语言输入和实践机会，比性格内向者具有更大优势。所以，教师应努力使性格内向的学生在口语表达训练时积极参与话题讨论。

c.在英语的听力理解与书面表达方面，性格倾向的影响基本相同。

总之，教师应根据学生的不同性格倾向施教，以获得更好的教学效果。

（二）教师

教师是高校英语教学的重要构成要素，在高校英语教学中起着主导作用。在英语课堂上，教师主要充当引导者的角色。作为一名合格的引导者，英语教师首先应该具有纯正的发音。然而，并非所有的英语教师都具有纯正的发音，所以教师可借助多媒体等手段来弥补自己的不足，确保学生在课堂上听到的英语都是纯正的。同时，教师在讲解单词、句子、课文时，应该加以解释，对难懂的词语要不断重复。

在多数英语课堂上，教师的讲话占据课堂上的大部分时间。不可否认，教师的讲话有利于学生的语言习得，但也不能因此牺牲学生的练习时间。同时，教师要注意不断改变教学的形式，以增强课堂的趣味性。一个合格的英语教师还应具有一定的应变能力，能预测课堂活动中可能出现的状况，能很好地处理课堂上的突发事件，确保课堂活动的有序开展。此外，教师应该随时调整自己的提问方式、语言运用方式、提供反馈的方式。在英语课堂中，提问是教师常用的一种教学手段。通过提问，学生的学习兴趣可以被激发出来。语言运用的方式也很重要，为了让学生对所讲述知识有一个充分的了解，教师在教学中可以采用重复话语、降低语速、增加停顿、改变发音、调整措辞、简化语法规则、调整语篇等措施。

学生是英语教学的重要反馈者，同样，教师的反馈也十分重要。所谓提供反馈，就是指教师就学生的学习情况进行反馈。教师的反馈可以是对学生话语的回答，如表示学生回答的正确或错误、对学生的答案进行补充、总结学生的回答等。总之，教师的目的就是采用不同的教学方式，调动学生的积极性，扩大学生的知识面，培养学生的学习能力，提高整体教学的效果。

（三）教学方法

教学方法是教师和学生为了实现共同的教学目标，完成共同的教学任务，在教学过程中运用的方式或手段的总称。截至目前，英语教学中出现过不少教学方法，并且它们都在英语教学中发挥过作用。然而，事实证明，教学方法没有最好的，只有是否有效。具体地说，英语教学中采用固定的、一成不变的方法，将会引起学生的反感，从而降低英语教学的效率。即使在一堂课上使用一种教学方法，学生也会感到单调、乏味。因此，英语教学所采用的方法应具有灵活、多样等特点，要对各种语言技能有所侧重，这样才能提高英语教学的效率。

（四）教学内容

教学内容是指为实现教学目标，要求学生学习的知识、技能、行为经验等的总和。其是一种特殊的知识系统，既有别于语言知识本身，又不同于日常经历；既要考虑英语学科本身的知识体系，又要考虑学生的年龄特点和实际需求。通常来讲，教学内容主要包括以下五个方面内容。

1. 语言知识

英语语言知识是英语综合运用能力的有机组成部分，是语言学习和运用的重要内容之一。英语语言能力的形成是以语言知识为基础的。

2. 语言技能

英语语言的技能主要包括听、说、读、写四个方面的技能。听的技能就是分辨和理解话语的能力；说的技能就是运用口语表达思想、输出信息的能力；读的技能是指辨认和理解书面语言的能力；写的技能主要指运用书面语表达思想、输出信息的能力。在大量听、说、读、写等专项和综合性训练中，学生会形成综合运用英语的能力，为真实的语言交际奠定基础。

3. 情感态度

情感态度是指兴趣、动机、自信、意志和合作精神等影响学生学习过程和学习效果的相关因素。积极的情感态度有利于学生潜能的开发；消极的情感态度会阻碍学生语言学习能力的形成。因此，教师在教学中应不断激发并强化学生的学习兴趣，引导他们逐渐将兴趣转化为稳定的学习动机，从而形成积极的情感态度。

4. 文化意识

文化意识是指所学语言国家的地理、历史、风土人情、传统习俗、生活方式、文学艺术、行为规范、价值观念等。对于英语学习者来讲，接触和了解以英语为母语的国家的文化可以加深其对英语语言的理解和使用，提高其人文素养，培养其世界意识。因此，教师在英语教学中要注重对学生文化意识的培养，根据学生的年龄特点和认知能力，传授其文化知识，培养其文化意识和世界意识。

5 学习策略

学习策略是指学生为有效地学习和发展而采取的各种行动和步骤。英语学习策略主要包括认知策略、调控策略、交际策略和资源策略等。培养学生的学习策略可以促使学生有效学习，并能为学生的终身学习奠定基础。好的学习策略可以改进学生的学习方式,提升其学习效率,还能使学生学会如何学习,从而形成自主学习的能力。因此,教师要帮助学生形成自己的学习策略,引导学生对自己的学习过程和效果进行监控和反思,培养学生根据学习风格调整学习策略的能力,引导学生观察他人的学习策略,使学生乐于尝试不同的学习策略。

(五)教学环境

教学环境是一个由多种不同要素构成的复杂系统,有广义和狭义之分。广义的教学环境是指影响学校教学活动的全部条件,它可以是物理环境,也可以是心理环境。狭义的教学环境指班级内影响教学的全部条件,包括班级规模、座位模式、班级气氛、师生关系等。下面对教学环境的三个构成要素做阐述。

(1)社会环境。这一环境因素是影响和制约外语教学的重要因素,它主要涉及国家的教育方针、科学技术水平、经济发展状况、外语教育政策以及社会对英语的需求程度等。英语教学发展的主要动力就是社会环境,它对英语教学有着极强的导向作用。

(2)学校环境。学校环境对英语教学具有重要的影响,它影响着学生学习英语的效果。学校环境主要涉及课堂教学、班级、教学设施、教学资料、英语课外活动、英语教师及其他教职工对英语的态度及其英语水平、校风班风和师生人际关系等。

(3)个人环境。个人环境对学生的英语学习也会有一定的影响。个人环境一般包括家庭成员的社会地位、文化水平、职业特点,成员之间的关系及感情,学生的物质生活条件,学生拥有的英语学习设备和用具,等等。

良好的教学环境可以帮助教师有效地加工语言输入材料,科学地设计语言练习,提高学生的英语运用能力。

第四节 高校英语教学方法与手段

一、高校英语教学方法

随着时代的发展，高校英语教学环境发生了很大变化，教学模式也相应地发生了改变，学生可以不再像以前那样完全依赖教师的授课，开始主动地进行个性化学习。但是，教学中若没有相应的教学方法，教学内容就不能很好地传授给学生，教学目的就难以达到，更别提学生主动进行个性化学习了。自《大学英语教学大纲》实施以来，我国高校英语教学取得了很大的进步，主要表现为英语教学改革初见成效、教学设施得以改善、大学生的英语水平逐年提高。然而，在科学技术迅速发展的今天，社会对外语人才的要求越来越高，即要求学生不仅有丰富的语言知识，还要具备良好的综合素质和交际能力。为了适应学习环境和教学模式的变化，满足新形势下外语人才的培养需要，我国高校英语教学的当务之急就是改革某些陈旧的教学方法，寻找最优教学法。最优教学法就是适应特定的社会环境、教学环境，满足教学对象的需求，能达到教学目的的教学法，目的是在充分利用现有条件的基础上取得好的教学效果。各高校在选择教学法的时候，要充分考虑教学环境、教学设备、学生整体水平以及师资力量等客观因素，结合教学目的与任务、教学内容、教学组织形式等，对现有的外语教学法重新进行组合。

目前，我国大学英语教学中正在使用的、有代表性的方法是语法翻译法、情景教学法、交际教学法、任务型教学法、直接教学法。

语法翻译法出现于18世纪，是随着现代语言作为外语进入学校课程而形成的第一个有影响力的外语教学方法，也是我国早期高校英语教学主要采用的方法。语法翻译法强调学生的母语在教学过程中的重要作用，强调母语和外语的共同使用，认为将母语与外语的异同点找出来有助于学生更加深入地理解外语。语法翻译法主张将语法作为语言的核心和外语学习的主要内容，教师只要具备外语语法基础知识和母语与外语互译能力，就可在语法理论的指导下开展教学。具体来说，语法翻译法强调两点：课堂教学以教师讲解为主，学生被动接受教师所教的知识，使语法为阅读教学服务；把口语和书面语分离开来，把阅读能力的培养当作首要的或唯一的目标。因此，语言知识、语法规则成了课堂教学的重点。在教学中，翻译既是手段，又是教学目的。对语法学习的强调、对理性知识的重视虽然加深了学生对目标语言的理解，能有效培养学生的阅读、翻译、写作等方面的能力，但是围绕语法规则的记忆与机械操练不能提高学生运用英语进行口头、书面交际的能力。

情景教学法也叫视听法，于20世纪50年代在法国产生，主要是针对听说法脱离语境、孤立地练习句型、影响学生语言运用能力培养的问题而提出的。其要求教师根据课文描绘的情景，设计出形象鲜明的投影图画片，辅之生动的文学语言，并借助音乐的艺术感染力，再现课文描绘的情景表象，使学生沉浸在真实的情景中，积极学习。在情景教学法中，语言交际被看作与现实世界的情景有关的有目的的活动。通过课堂情景创设，教师不仅能激发学生的学习兴趣，点燃学生学习英语的热情，还能帮助学生更准确和牢固地记忆英语知识点。需要注意的是，情景教学法也有不足之处：强调通过情景操练句型，在教学中只允许使用目的语而完全排除母语，这不利于学生对语言材料的理解和运用；过分强调整体结构感知，无法保证学生对语言项目产生清楚的认识。

交际教学法也叫"功能法"或"意念—功能法"，是由威尔金斯（Wilkins）提出的，其历史可以追溯至20世纪60年代。在他看来，交际能力不仅包含语言知识，还应包括语言运用的能力，尤其应该注意语言运用的得体性，它包括对交际时间、交际场合、交际话题、交际方式等诸多因素的灵活把握。交际教学法使语言教学观发生了革命性的变化，在外语教学中发挥了巨大的作用。它提倡以语言功能项目为纲，强调在语言运用中学习语言，从而实现培养交际能力的教学目的。交际教学法在保留传统教学法合理成分的基础上，将提高学生运用英语的能力作为教学目的，为学生提供了更多使用语言的机会。交际教学法强调交际的过程，认为有没有一个具体的目标和明确的结果并不重要。交际教学法认为语言是实现交际目的的手段，但是仅仅具有听、说、读能力并不一定就能准确表达意念思想和理解思想。因为语言的交际功能受到语言活动的社会因素的影响，教学过程必须交际化。这就意味着要尽可能避免机械操练，让学生在真实的或接近真实的交际场合中进行练习，感受情景、意念、态度、情感和文化修养等因素如何影响语言形式的选择和语言功能的发挥。因此，教师应该多为学生创造、提供交际情景和场合，在真正意义上实现"用语言去学"和"学会用语言"，而不是单纯地"学语言"，更不是"学习关于语言的知识"。

任务型教学法是在20世纪80年代交际教学法被广泛应用的情况下产生的，它是交际教学法和第二语言研究两大领域结合的产物，代表了真实语境下学习语言的现代语言教学理念。任务型教学法是通过教师引导学习者在课堂上完成任务来进行教学的一种方法，强调"在做中学"，是交际教学法的延伸。在任务型教学法中，教学的中心从教科书和教师转变为学生，并且其要求教师引导学生在各种语言任务中学习。在课堂教学活动中，教师围绕特定的交际项目，设计目标明确、可操作的任务，学生则通过表达、沟通、交涉、解释、询问等多种活动形式完成任务，达到掌握语言的目的。在任务完成的同时，学生巩固了旧知识，并且学习了新的语言知识，从而达到了学习和掌握语言的目的。任务型教学法充分体现了以学生为中心、以实现语言运用为目的的教学理念。

直接教学法产生于19世纪90年代，是运用外语本身进行教学的一种方法，强调不依赖学生的母语，通过建立外语与要表达的内容的直接联系，来培养学生的外语思维，激发学生的学习兴趣，促使学生积极参与课堂教学活动。在高校英语教学中，教师每讲授一个新词语，都应引导学生把该词语所代表的事物、意义及客观表象直接联系起来，不是先学习语言规则，而是先模仿着说。学生可以先掌握语言材料，再从自己积累的感性语言材料中总结出语法规则，用于指导以后的学习。另外，直接教学法认为对语音的掌握是学好外语的关键，外语教学应以语音训练为主，语音训练应充分利用音标。因此，在高校英语教学中，教师往往运用直接教学法来帮助学生进行听觉感知和记忆，这有利于学生形成正确的语音。

由此可以看出，每种英语教学法都有它产生和存在的条件，没有一种教学方法是万能的，过多地依赖或推崇某一种教学法的做法往往会在具体的教学实践中产生某种偏差。这不利于英语教学的进一步发展。《大学英语教学大纲》要求教师不仅要向学生传授语言知识，培养学生的语言技能，还要培养学生的英语综合运用能力。因此，教师在教学中必须秉持实事求是的态度，结合学生的实际情况、现有的教学资源，根据教学内容，选择合适的教学法，从而有效地开展高校英语教学。

二、高校英语教学手段

教学手段是构成教学系统的要素之一，是为了实现预期的教学目的，教师在教学活动中使用的工具、媒体或设备。当前已进入信息化社会，科技技术发展迅速，这对高校英语教学提出了新的挑战。高校英语教学需从更新教学观念入手，合理地运用教学手段，以最大限度地激发学生的学习动力，挖掘他们的潜力，保证新形势下高校英语教学的质量。

现代信息技术的应用和普及，尤其是多媒体技术和网络技术的结合，为外语教学提供了强大的技术手段，特别是多媒体外语教学软件的出现，给外语教学带来了勃勃生机。它以其形象性、生动性、先进性、高效性等特点弥补了传统教学的不足，成为现代化教学中被广泛采用的一种重要手段。但传统教学手段至今仍然存在必定有一定的道理，其在一定程度上对高校英语教学仍具有促进作用。鉴于此，教师在高校英语教学中应根据教学内容，选用传统教学手段或现代教学手段，做好两种教学手段的整合，以高效地开展高校英语教学活动。

传统教学手段主要是借助"粉笔＋黑板"、挂图等工具开展教学活动。与现代教学手段相比，这种传统教学手段虽然形式比较单一，但是在长期教学实践中保留下来的一种传授文化知识的方式，在加强师生之间的互动、促使学生积极思考等方面发挥着一定的作用，是现代教育技术无法取代的。以多媒体为代表的现代教学手段则以信息处理的高速度、大容量、多媒体和交互性极大地提高了教学效率，这就从根本上改善了高校英语教学的环境，优化了教学手段，解决了传统教学中存在的一些问题。但是，多媒体教学只是一种辅助教学手段，过分夸大多媒体教学的作用，以多媒体教学来完全代替传统的教学手段是不现实的。因此，在高校英语教学中，教师要根据教学目标、教学内容以及教学对象的特点，有针对性地选取教学手段，将传统教学手段与现代教学手段有机结合，实现二者的优势互补，从而提高高校英语教学质量，提高大学生的英语综合运用能力，为我国经济建设输送高素质的英语人才。

第五节　高校英语教学的发展历程

我国当代英语教学的发展大体分为四个阶段：第一个阶段是1949年至1985年的起步与摸索阶段，这一阶段的主要特点是高校英语教学的教科书、教学方法、教学要求等内容均尚不明确；第二个阶段是1985年至1999年的规范与发展阶段，这一阶段的主要特点是高校英语教学在当时的国家教育委员会（今教育部）的统领下，走上规范、秩序发展的道路，制定并实施了全国统一的教学大纲，编写了高质量的教科书，探索了新的教学方法；第三阶段是1999年至2002年的调整与改革阶段，这一阶段的主要特点是高校英语教学为了适应学生日益提高的英语水平和社会需求，探索新的教学目标、教学任务；第四阶段是2002年至今的提高与深化阶段，这一阶段的主要特点是高校英语教学走向多元化、自主化的发展模式。

下面就每个阶段的英语教学发展情况进行介绍，以展示中国当代高校英语教学的发展过程。

一、高校英语教学的起步与摸索阶段

中华人民共和国成立初期，我国的高等外语教学主要是俄语教学。到1952年院系调整时，全国仅有北京大学、南京大学、复旦大学、武汉大学等八所院校开设英语系。1956年，中央发现1952年的院系调整在一定程度上降低了英语教学的覆盖率，不利于同西方发达国家的交流，于是决定陆续恢复和增设高等院校（特别是综合院校和师范院校）英语专业，提高英语教学的覆盖率。同年，上海交通大学凌渭民教授编写的供理工科学生使用的英语教科书《英语》出版。

1978年改革开放政策的实施，使英语受到了越来越多人的重视，使高校英语教学工作走上正轨。1980年，我国制定了第一个统一的高等院校教学大纲——《英语教学大纲（高等学校理工科本科四年制试用）（草案）》。该大纲首次以政府文件的形式确定了英语在高校教育中的地位，结束了公共英语教学各自为营的无组织状态，提出了国家对高校公共英语课教学的统一要求。该大纲在实施过程中遇到了诸多困难，且教学对象仅限于理工科本科生，于是国家教育委员会（今教育部）于1985年和1986年又先后颁布了《大学英语教学大纲（高等学校理工科本科用）》《大学英语教学大纲（高等学校文理科本科用）》，进一步规范高校英语教学。自此，我国高校英语教学进入了一个有文件指导和约束的稳步发展时期。

二、高校英语教学的规范与发展阶段

统一的教学大纲（特别是1986年颁布的《大学英语教学大纲（高等学校文理科本科用）》）公布以后，我国高校英语教学有了明确的目标，开始走上有纲可依的规范化发展道路。以教学大纲为依据，1986年上海外语教育出版社出版了《大学英语》，1987年清华大学出版社出版了《新英语教程》，1987年高等教育出版社出版了《大学核心英语》，这些教科书符合我国英语教学实际，在实践中经过不断的改编、修订，受到国内高校教师及学生的青睐，成为我国此阶段在高校英语教学中使用的主要教科书。

为了检测高等院校学生对英语基本技能的掌握情况，国家教育委员会（今教育部）于1987年开始实施大学英语四、六级考试。作为一种大规模、标准化测试，大学英语四、六级考试不仅可以检验我国高校英语教学成果，还对我国高校英语教学具有指导作用。通过标准化测试，教师不仅可以了解不同院校之间、不同院系之间的英语教学情况，从而分类指导，还可以了解学生对英语的掌握情况，以便为英语教学方法的设计与英语教学大纲的制定提供参考。事实证明，大学英语四、六级考试不仅对高校英语教学有深远影响，在社会上也很受重视，被用人单位视为衡量大学毕业生素质的一个主要指标，得到了社会的普遍认同。从这些方面来说，大学英语四、六级考试的设立是非常成功的。受教学秩序的稳定、师资水平的稳步提高和英语教学的稳定发展等因素的影响，高校新生的英语水平较1985年和1986年教学大纲制定初期有了明显提高。随着改革开放的深入，社会对掌握英语综合运用能力的大学毕业生英语能力的需求也有了较大增长。

三、高校英语教学的调整与改革阶段

随着高校英语教学的发展，原有的教学大纲已不适应时代发展的需求。一方面，随着教学秩序的恢复、教学制度的完善、教育环境的稳定，我国小学、初中和高中的教育都获得了较大发展，英语更是受到了前所未有的重视，大学新生的英语水平较以往有很大提升，原有的教学大纲已不再适合。另一方面，随着改革开放的深入和我国加入世界贸易组织，社会对外语人才的需求急速增长，对应届大学毕业生的外语应用能力也提出了更高的要求，原有的教学大纲已不适应时代发展的需要。

鉴于此，国家教育委员会高等教育司（今教育部高等教育司）从1996年5月起，在广泛的、多层次的社会需求调查的基础上，听取了专家、学者、一线教师的意见后，于1999年将原来的理工科教学大纲、文理科教学大纲合二为一，制定了统一的《大学英语教学大纲（修订本）》，这是"教学大纲的一大进步"。1999年颁布的《大学英语教学大纲（修订本）》强调学生的交际能力，并在继续强调阅读能力的同时，注重听、说、读、写、译能力的全面发展。在《大学英语教学大纲（修订本）》的指导下，一批内容全新的、理念先进的、体系完整的教科书逐步出版发行，比较具有代表性的是复旦大学和上海交通大学联合编写的《21世纪大学英语》、浙江大学编写的《新编大学英语》、上海外语教育出版社出版的《大学英语：全新版》和外语教学与研究出版社出版的《新视野大学英语》。这些教科书内容新颖、设计合理、时代感强、配套练习详尽，并配有多媒体课件及自学辅导书，受到了高校英语教师和学生的广泛好评。

与此同时，为了适应时代需求，大学英语四、六级考试自1999年5月起开始加入口语测试，以期全面提高学生的英语运用能力。口语考试的推行，使大学英语四、六级考试进入一个相对完善的新阶段，有利于对学生的听、说、读、写、译等各项技能进行全面鉴定，这在很大程度上推动了高校英语教学改革的进行。

需要指出的是，1999年制定的针对全体非英语专业本科生的《大学英语教学大纲（修订本）》虽然强调听、说、写的重要性，但仍将阅读放在英语教学的第一位。这也是教育部在该大纲颁布后的第三个年头（2002年）就决定启动新一轮高校英语教学改革的原因。

四、高校英语教学的提高与深化阶段

21世纪，由于传统的教学方式已经不能完全适应当前的教育需要，因此高校英语教学方式越来越多样化，尤其是多媒体技术在高校英语教学中的应用给高校英语教学注入了活力。在新生刚进入大学校园时，高校可以充分借助新媒体工具来宣传英语教学的重要性，引导学生形成正确的英语学习观念，让学生清楚地了解学习英语的益处。同时，高校可以充分利用多媒体工具进行特色网络课件的研发，并利用移动互联网来加强与学生之间的互动。在特色网络课件研发的过程中，教师要鼓励学生积极参与，并提出自己的意见。这样，有利于激发学生学习英语的兴趣。另外，在高校英语教学过程中，教师可以借助多媒体为学生创造真实、生动的教学情景，激发学生的学习兴趣，使学生全身心地投入课堂教学，进而提高英语课堂教学的效率。在课下，教师还可以组织各种各样的英语竞赛活动，并利用网络平台进行投票，让学生积极参与其中，进而提高学生的英语综合运用能力。

第二章　高校英语听力教学

第二章　高校英语听力教学

第一节　高校英语听力教学的理论基础

一、听的心理过程

在听、说、读、写四项技能中，听被称为"接受性技能"，但是这并不意味着听是一个被动接受过程。实际上，听是一个主动的、积极的信息处理过程。心理语言学的研究表明，听的过程与人的记忆具有密切的关系，外部信息经过感觉器官时，按输入的原样，保持一个极短的时间，这就是感觉记忆。感觉记忆又被称为瞬时记忆，是指外部刺激以极短的时间一次呈现后，一定数量的信息在感觉通道内被迅速登记并保留一瞬间的记忆。感觉记忆是信息加工的第一阶段。短时记忆又称工作记忆，是指信息一次呈现后，保持时间在1秒钟之内的记忆。短时记忆与感知记忆不同，感知记忆中的信息不被意识，而且是未被加工的，而短时记忆是操作性的、正在工作的、活动着的记忆。人们短时记忆某事物，是为了对该事物进行某种加工，加工后即被遗忘。如果有长期保持的必要，就需在这一系统中进行加工编码，然后信息才能被储存到长时记忆中。短时记忆中的信息既有来自感知记忆的，也有来自长时记忆的。因为当人们需要某些知识、规则时，便从长时记忆中提取，提取出的信息只有回溯到短时记忆，才能被意识到和备用。美国心理学家米勒

（Miller）强调在信息加工方面，倘若人在主观上对材料加以组织、再编码，记忆的容量还可以扩大。于是，他提出了组块的概念。所谓组块，是指将若干较小的单位联合成熟悉的、较大的单位的信息加工过程及这样组成的单位。在他看来，短时记忆容量不是以信息论中采用的比特为单位，而是以组块为单位的。一个块可以是一个数字、一个字母，也可以是一个单词、词组，还可以是一个短语。

长时记忆是指学习材料经过复习或复述之后，在头脑中长久保持的记忆。长时记忆是一个真正的信息库，记忆的容量似乎是无限的，它可以储存一个人关于世界的一切知识，并为人所有的活动提供必要的知识基础。信息由短时记忆转入长时记忆，需要对有关信息进行组织加工。所谓组织加工，就是将材料加以整合，把新的材料纳入已有的知识结构框架之中，或者把材料作为合并单元，组合为某个新的知识框架。信息由短时记忆转入长时记忆时是如何被加工的、采用什么样的形式编码，在很大程度上取决于材料本身的性质以及个人的个性特点。就语言材料而言，其更多的是采用语义编码。

从系统论的观点看，感觉记忆、短时记忆和长时记忆是一个统一的记忆系统中三个不同的信息加工阶段。它们之间不是彼此孤立的，而是相互影响、相互作用、相互联系的。

根据记忆的三个阶段，听的心理过程也主要包含三个阶段。在第一阶段，声音通过人的感觉器官进入感觉记忆之中，并利用听者已有的语言知识把这些信息转化为有意义的单位；信息在感觉记忆中存储的时间很短，听者只有很少的时间对这些意义单位进行整理。在听母语时，这一过程一般都能顺利完成，而在听外语的过程中，当听者设法将连续的语流组织成有意义的单位时，很可能会出现问题。有时听者还没处理完现有信息，新的信息就不断地涌入，从而导致其在听力理解中遇到困难。在第二阶段，信息处理是在短时记忆中完成的，也是一个非常短暂的过程，不超过几秒钟。在这一阶段，听者会把听到的词或词的组合与储存在长期记忆中的语言知识进行比较，把记忆中的信息进行重组、编码后，形成有意义的命题。听者要对连续的语流进行切分，切分的主要线索是意义。意义体现在句法、语音、语义三个层面。在获取意义之后，听者一般会忘掉具体的词语。在这一阶段，处理速度是至关重要的。已有的信息必须在新的信息到来之前处理完成，否则很容易造成处理系统的信息超载。一个初级的外语学习者往往会因为处理速度不够快而无法从信息中获取意义。随着学习者听力训练的不断增加以及语言知识的积累，他们对一些经常听到的信息的处理会成为一种自动化的过程，从而留出更多的空间来处理难度较大或者不太熟悉的信息。在第三阶段，听者会把所获取的意义转移到长时记忆之中，并与已知信息相联系，确定命题的意义，当新输入的信息与已知信息相匹配时就产生理解。在这一阶段，当形成的命题与长时记忆中的已知信息相联系时，大脑便通过积极的思维活动去分析、合成、归纳，使其成为连贯的语言材料，从而实现意义的重构。

上述过程只是描述了听的过程中信息处理的大体步骤，而实际的过程要复杂得多，因为听的过程中的信息处理并不单纯依靠语言本身。听者只有把语言置于具体的语境之中，才能理解其真正的意义。在听母语的过程中，听者会自动激活自己长期以来积累的文化知识、讲话人的背景等相关的信息，而且能够根据以往的经验在一定程度上预测下面将要听到的内容。他们知道不同类型的人会以不同的方式表达不同的内容，在不同的场合以及讨论不同的问题时使用不同的语言风格。这些知识在上述三个阶段都会起作用。

由此可以看出，听的心理过程具有三个主要特点。

（1）听是一个积极的过程。在听的过程中，听者并不是被动地接收信息，而是通过调动大脑中已有的语言知识和非语言知识积极主动地识别、分析和综合，来理解说话者传达的信息和意图。

（2）听是一个互动的过程。作为语言交际的一个重要方面，听力理解涉及说话者和听话者双方。从某种意义上讲，听力理解是交际双方在相互作用中磋商意义的过程，特别是在面对面的语言交际中，说话者可以通过听话者的面部表情和身势语来判断听话者是否理解自己的意义，并以此调整自己的语言。同样，听话者可以用语言的或非语言的手段表明自己是否理解了说话者的意义。

（3）听的过程是一个创造性的过程。意义并不是直接存在于语言材料之中的，不同的听话者对同一个单词或句子可能会有不同的理解。在语言交际过程中，说话者为了语言表达的经济性，不可能也没有必要把所有细节都表达出来。因此，在听力理解过程中，听话者需要根据语言材料所提供的线索以及自己的社会经历和背景知识创造性地建构意义。

二、影响听力的因素

由上述听的心理过程可以看出，影响听力的因素是多方面的，概括起来主要包括三种：语言本身的因素、语言背景知识、分析综合能力和心理因素。

（一）语言本身的因素

语言本身的因素包括语音、词汇、语法等三个方面。听的过程首先是听者对听到的语音、词汇、语法的感知、识别与理解的过程，因此听者对语言基础知识掌握的好坏直接关系着他们听力水平的高低。

首先，扎实的语音知识基础是听力理解的基础。在英语中，有些语音对中国学生来说是比较陌生的，而且是难以区分的，尤其是某些元音。某些辅音簇中的某个辅音也往往会被省略或同化。当然，口语的理解并不完全依赖对相似的语音的区分，在许多情况下，上下文的意义可以提供足够的信息帮助听者辨别语音。另外，在英语中，重音和语调也是非常重要的。语言的节奏在很大程度上是通过重读音节的变化来实现的。重读的目的在于强调带有主要信息的词语，重读单词的改变往往可以在句子中的单词没有任何改变的情况下，导致整个句子意义的变化。以下实例就可以很好地说明这一点。

（1）讲话人站在门口，还没有看到 John。

"Hi, John! I'm home. Where are you？ What are you doing？"

（2）讲话人看到 John，而且正在朝他走去，John 正在做某件事情。

"John, I'm been looking for you. Oh, my goodness! What are you doing？"

（3）Alan 和 John 是两位银行职员，他们正在谈论度假的计划。

John: What are you planning, Alan？ Anywhere nice？

Alan: We haven't decided yet. What about you？ What are you doing？

掌握足够数量的单词是听力水平提高的基础。对于外语学习者来说，他们遇到生词往往会停下来思考生词的意义，这易导致他们错过其他内容。单词量的不足有时还表现为学习者词义的理解过于狭窄，对同一个词的其他含义不太清楚，这种情况很容易导致听者的误解。当然，生词并不一定总会造成听力理解中的障碍，有时候听者可以根据上下文推断生词的意义，有时候由于生词在整个谈话中不太重要，听者错过这一单词也不至于误解或者不理解谈话内容。除了语音和词汇知识之外，听者还需要具备必要的语法知识，否则，即使听懂话语中的每一个单词，也会因搞不清句子的语法层次而对句子产生误解。

（二）语言背景知识

语言背景知识对听者正确地获取信息极为重要。根据图式理论，听的过程就是听者利用大脑中储存的文化背景知识对新的信息进行加工整理的过程。听者需要对获得的信息进行分析、选择、整理，从而获取新的知识。在听的过程中，听者会根据激活的图式以及听到的内容对先前的预测进行验证并补充其中的部分细节。在听到的内容中，有许多信息是听者已经掌握的，加工整理的重点在于那些未知的新的信息。新的信息越多，处理的负担越重。也就是说，听者已知的信息越多，听起来的难度就越小。对于一个涉及完全陌生的领域的知识的听力材料，听者获取信息的困难是很大的。

（三）分析综合能力和心理因素

分析综合能力主要体现在听的过程中对语篇的理解方面。布朗（Brown）指出，对语篇的理解涉及许多因素，在听力理解过程中，随着语篇的展开，听者需要根据语篇上下文并积极运用认知策略来理解语篇表达的意义。语篇是由一系列句子构成的，但句子的意义有时要受到语篇宏观结构的制约，理解单个句子表达的意义并不能说明听者已经理解了整个语篇所表达的意义。

听力是一种接受性的语言技能，在听力训练的过程中，听者无法控制听到的材料的难度、速度、语调和节奏。这些客观因素有可能让听者产生一定的心理压力。而且，在听力训练过程中，听者的心理活动容易处于一种抑制的状态，其思维易变得迟钝，不容易发挥自身的主动性和积极性。另外，一些听者遇到听不懂的单词和句子就变得过分焦虑，这会降低信息加工的有效性，加大听力理解的难度。

三、会话含义

会话含义是语用学研究的重要问题，其是指隐含在字面意义之下的说话者的真实意义。在实际的言语交际中，说话者的真实意义有时与所说的话的字面意义不一致。例如：

A: Where is Tom?

B: There is a new car outside John's house.

从表面看，B好像并没有回答A的问题，但如果A知道John有一辆新车，那么A就不难从B的回答中推断出Tom很可能就在John的家里。

会话含义就是人们通常所说的"言外之意"。在交际中，只有正确捕捉这些言外之意，才能真正理解说话者的意图。因此，理解会话含义是听力教学的重要组成部分。会话含义是由美国哲学家格赖斯（Grice）提出的，他把会话中需要人们共同遵守的原则称为"合作原则"，其中包括一系列的会话准则：

量的准则：说的话应包含需要的信息，不多也不少。

质的准则：说的话应该是真实的，不要说假话，也不要说缺乏足够证据的话。

相关准则：说的话要与话题相关。

方式准则：说话要清楚明白，要简练，有条理，避免晦涩和产生歧义。

第二节 高校英语听力教学方法

高校英语听力教学需要一定的科学方法来作为指导，这样才可以使高校英语听力教学质量得到有效提升。随着高校英语教学改革的不断推进，高校对英语听力教学的研究逐步深入。只不过，高校进行英语听力教学时要意识到，提高教学质量需要一定的时间，而不要在短时间内急于求成。这也决定了英语教师在选择听力教学的方法时要从实际出发，要与实际的教学条件和学生的学习能力相适应。在进行高校英语听力教学前，教师可以根据学生的水平，将听力教学划分为初级阶段和高级阶段。以下便是笔者总结的与这两个阶段相适应的提升高校英语听力教学质量的方法。

一、初级阶段教学方法

语音能力是影响听力的一个重要方面，其包括听音、辨音等方面的能力，因此英语教师在进行初级阶段的听力训练时要特别注意学生这方面能力的提升。

（一）根据听力材料默写

在听力训练过程中，根据听力材料进行默写是一个有效提升学生听力水平的方式。听音默写的过程也是学生的一系列认知活动开展的过程。

听音默写一方面可以锻炼学生的听音能力，加深学生对单词的印象，另一方面可以使学生在听音的过程中快速识别单词，可以说是一举两得。这种方法同样适用于听句子和短文的训练。

需要注意的是，学生在整个过程中需要高度集中注意力，从大脑中的知识储备库内快速检索出所需的内容，这样才能持续地使能力得到提升。

（二）单词储备量

学生英语听力水平的提高还需要有足够的单词来作为强有力的后盾。学生掌握的单词量的多少和对单词认识的准确程度直接影响着其对听力材料中单词的理解程度。从这个角度来说，在听力教学的过程中，教师要重视词汇方面的教学，增加学生的单词储备量，提升学生的单词认知水平。

（三）熟悉各类发音技巧

不熟悉英语发音技巧也会导致学生出现听不懂的状况。英语里的连读、弱读、爆破等都是学生要掌握的。比如，"What time is it"中，what 和 time 一个是以"t"结尾的，另一个是以"t"开头的，所以会连读。

（四）学会听意群而非单词

在听音辨音的阶段，如果学生要一个词一个词地去听，不利于对听力材料的理解。这时候学生要根据意群来听。"意群"是由一个稍长的句子分成的具有一定意义的若干个短语。听意群要听重点，听一些对自己有价值的信息。听意群的时候尤其要注意一些信号词，如 firstly、secondly 等引起注意、表达递进或者转折关系的过渡性词语。

（五）善于记笔记

学生在学会听意群的同时，最好能用记笔记来加以辅助。这里说的记笔记不是像口译那样用各种笔记符号来记录，也不像听写那样记录下每一个词，而是在听懂意群的基础上，记录下重点信息，用于把握文章的整体结构。学生这样有目的地听，就能获得自己想要的信息，真正提高自己的听力水平。

（六）科学训练听力速度

听力速度的快慢直接关系到听力测试的成败，而且是影响学生测试心理的一个重要因素。测试中因为一道题没跟上而慌乱，接连丢失几题的情况并不罕见。科学训练听力速度要循序渐进，即由慢速到快速，逐步提高。这种方法可使学生逐渐适应有声信息的接受方式，增强听的信心。但是，人为地将语速放慢，并不利于听力水平的提高。而且，如果信息传播的速度过于缓慢，反而会拉长记忆的距离，造成遗忘，久而久之，大脑的反应速度也会变得迟钝。

一般听力测试的语速是以英语为母语的人讲英语的正常速度。为使学生的大脑尽早适应这种语速，教师宜从一开始就以这种速度对学生进行训练。初级阶段，学生会出现听完之后大脑中对所听内容没有什么印象的现象，但不必担忧，因为在这种语速的不断"轰击"下，耳朵会逐渐敏锐，从开始只能抓住只言片语到能听清一个完整句子，直至大脑完全适应这种语速。接下来，学生便要发挥自身的记忆与判断能力了。

（七）脱离字幕看英文影片

脱离字幕看英文影片是提高学生听力水平的一个重要方式。在这一过程中，教师可以根据学生的能力，按照以下步骤来安排教学。

（1）反复播放1～3遍录音，学生可以一边听，一边跟着重复练习。

（2）在听影片的过程中，学生如果遇到不理解的词语要及时记下，然后在影片结束之后，通过查字典的方式找到贴合影片语境的合理解释。

（3）教师在影片结束以后要及时检测学生的掌握情况进行，方法包括让学生用英语回答自己提的问题，对影片中的经典台词进行口译和复述，等等。

（4）让学生分段听标准录音或唱片。

二、高级阶段教学方法

初级阶段是一个入门和打基础的阶段，其目的是让学生对英语语音有一个初步认识，而到了高级阶段，对学生的要求就会相应提升，目的也上升到了学生能力提升的高度。通常教师可以利用以下四个技巧促使学生能力快速提升。

（一）猜测词义

在听力教学的过程中，学生听清每一个单词是不容易做到的。在这种情况下，以猜测词义的方式对句子进行理解就很有必要了。

通常一篇文章中并不是所有的信息都是有效和重要的，学生要做的就是要识别和区分出哪些信息是重要的、哪些信息是次要的、哪些信息是不重要的。一般重要的信息在文章中会反复出现，学生要注意识别。所以，即使有些信息没有听懂，也没有太大关系，因为只要后面没有再次提起，学生就可以将其视为不重要的信息，然后忽略掉。但是，如果后文对它进行了进一步的解释和说明，学生就可以判定这一类信息属于比较重要的信息，对其进行理解可以帮助学生理解全文要表达的意义。在这种情况下，学生再根据前后文的描述对这种词语进行猜测也不迟。

（二）记录笔记

教师在教学过程中可以根据自己丰富的教学经验，向学生传授一些实用性强的听力记录方法。笔记不可能也没有必要记得很完整，因此教师要教学生学会使用一些容易使用和理解的符号或缩写，把与题干有紧密联系的信息记下来，如时间、地点、数量、年龄、价码等数字和关键词，这其实也是一种速记方法。当然，如果学生有自己的一套记忆方法也是可以的，学生也可以将这种方法分享给其他人。

（三）把握细节

英语的听力测验特别考验学生对细节的把握，因为有时答案可能就隐藏在问题中，需要学生足够细心才可以发现，而这往往是学生很难注意到的。这些问题中的细节往往与5个W（when、where、why、who、what）问题有关，认识到这些规律，学生就能准确理解听力的内容。在实际的练习中，学生不妨试试这种方法。

（四）抓住重点

很多听力水平不高的学生，在听力练习中习惯将注意力平均分配在每个单词上，导致自身精力分散，无法从整体上把握句子的重点。因此，听取信息时应该有所侧重，即要听主要内容，捕捉主题句和关键词，避开无关紧要的内容。因此，高校英语教师在传授听的方法的过程中要引导学生树立抓重点的意识，并要经常针对这方面组织听力训练活动。

第三节 基于图式理论的高校英语听力教学创新实践

一、图式理论介绍

（一）图式的定义

1781年，德国哲学家康德（Kant）在《纯粹理性批判》一书中首次提出了"先验图式说"一词，这是图式概念的第一次出现。康德认为，图式概念本身没有任何意义，只有当它与人们已知的事物产生联系时才会产生意义。[1]康德把图式概念引入哲学领域后，把唯理论和经验论这两种对立的哲学思想结合在了一个完整的认识论体系中，可以说在某种程度上，图式概念连接了这两种哲学思想，并且借助图式概念，双方才得以进行沟通。

在近代心理学研究中，格式塔心理学是最早对图式这一概念给予高度重视的，其主张研究直接经验（意识）和行为，强调经验与行为的整体性。

随着社会的不断发展，认知心理学中的图式理论逐渐被应用到语言学领域。20世纪70年代后期，美国人工智能专家鲁姆哈特（Rumelhart）做了大量的研究，把图式概念发展为一种完整的理论。在他看来，图式理论基本上是一种关于人的知识的理论，它是关于知识是怎样被表征出来的，以及对知识的表征如何以其特有的方式促进知识的应用的理论。

---

[1] 康德. 纯粹理性批判 [M]. 蓝公武，译. 天津：天津人民出版社，2023：26.

换句话说，人们在理解新事物时，需要将新事物与已知的概念、过去的经历结合起来。

现代图式理论是在信息科学、计算机科学深入心理学领域，使心理学中关于人的认知的研究发生了深刻变化之后，于20世纪70年代后期发展起来的，已被广泛应用于心理学、认知科学和外语教学领域。西方哲学家认为，图式就是用来组织、描述和解释人类经验的概念网络和命题网络。心理学家认为，图式是储存在人们记忆中的由各种信息和经验组成的认知结构。

不同时期的专家、学者对图式及其理论有不同的理解。皮亚杰（Piaget）认为，图式由表示概念要素的若干变量组成，是一种知识框架及分类系统。[①] 卡罗尔把图式看成语义记忆的一种结构。[②]

尽管不同学科领域的专家、学者对图式的概念有不同的表述，但有一点达成了共识：图式首先是一种结构，一个图式可以被包含在另一个图式中。人的知识是以图式的形式储存在长时记忆中的，这些图式大小不同、层次不同，相互连接，纵横交错，在长时记忆中形成了庞大的立体网络系统。图式包括各种各样的知识，图式的总和便是一个人的全部知识。

（二）图式的分类

图式根据不同的作用，可以分为不同的类型。从听力理解的角度出发，图式可以分为三类：语言图式（语篇处理与解码的技能）、形式图式（文本的修辞结构）和内容图式（有关文本内容的知识）。

1. 语言图式

语言图式是指基本的语音、词汇、句型及语法等方面的语言知识，

---

① 皮亚杰.结构主义[M].北京：商务印书馆，2011：69.
② 卡罗尔.语言心理学[M].4版.缪小春,译.上海：华东师范大学出版社，2007：59.

即语音、语调、俚语、俗语、习语及虚拟语气等。换句话说，语言图式指的是听者已具备的语言知识，即语音、语法和词汇知识等。语言知识是听力理解的基础。如果听者没有足够的语言知识和一定的听力技巧，那么他的相关图式是无法激活的。对于把英语作为第二语言来学习的中国学生来说，听力理解过程中的语言图式尤为重要。

2. 形式图式

形式图式也叫修辞图式，是关于不同类型的文章中修辞和组织结构等方面的背景知识。换句话说，不同体裁的文章有不同的组织结构，而且信息出现的位置不同。听者只有对篇章的结构非常熟悉，才能辨认出文章的体裁，从而更好地理解听力材料。常听英语新闻报道的人都知道，英语新闻报道大多把重要信息放在开头，后面的信息通常是背景信息。假如听者头脑中具备英语新闻报道的语篇图式，就会将注意力集中在前半部分，进而很好地把握听力内容。听者头脑中储存的形式图式越丰富，对体裁越熟悉，就越容易回忆和理解文本内容。

3. 内容图式

内容图式指与文章主题相关的背景知识，因而又称为主题图式，如在餐馆吃饭、庆祝除夕、面试等。

对于外语学习者来说，最重要的也是最需要具备的是文化内容图式。不同的国家和民族有着不同的文化传统。不同的文化传统会影响学习者对话语的理解。在听力理解的过程中，中国学生习惯用自己的文化观念去理解英语，但其与以英语为母语的人士所拥有的文化观念存在差异，这种差异对外语的听力理解有显著的影响，会阻碍学生对听力材料的理解。

话题熟悉程度也对外语学习者理解听力材料起着重要作用。在听力理解过程中，外语学习者如果很熟悉听力材料提及的话题，就可以将听力材料与自己掌握的知识联系起来，加深对听力文本的理解。在大学英语四级考试中，很多对话发生在餐馆、银行、医院、校园、机场等场所，对话双方的关系及说话者的行为程式比较固定，听者只要具备相关的常识就能理解对话。

此外，自身的具体经历和知识也能帮助听者理解很多场合的情境，如吃饭、乘火车、开会等。可见，储存在大脑中的有关日常生活的常识及专业知识的图式模型对听力理解起着重要作用。文化背景知识是听者内容图式的重要组成部分。内容图式在一定程度上可以弥补语言图式的不足，帮助听者预测和选择信息，排除歧义，提高听者对材料的理解程度。

（三）图式的主要特征

1. 图式是由变量构成的有组织的知识单位

图式是由变量构成的有组织的知识单位，它有组织、有条理地表征人类记忆中庞杂的知识，综合表示事物的特征。图式是认知的建筑构件，人类的认知依靠记忆中已经存在的图式，没有图式便无法认知千变万化的世界。图式有许多空位，这些空位用来表示每一个事物及事件的结构，每一空位规定该事物或事件的各种属性，即变量，每个变量可以由某一价值填充。一般而言，在阅读与听的过程中，当具体价值足够时，有时甚至只需要用一两个变量来填充某一图式的空位，使图式具体化，从而激活人脑中原有的相关图式，实现对事物的认知和理解。

2. 抽象性

尽管图式来自具体事物，但它并不是一个个具体事物的堆砌与集结，而是这些具体事物中某些共同特征的集合。所以，它是从具体事物中抽象出来的记忆模式，是对具体事物的一种抽象性反映。比如，"教室""教师""书本""学生"等图式是对"教育或教学"这一抽象图式的反映。储存在大脑中的图式是一种抽象的知识结构，即它是对具体事物的抽象，而不是大脑中存储的原始数据。比如，大脑中储存的"人"这个图式是对具体的人的抽象。

3. 知识性

图式是一种关于人的知识如何被表征，这种表征方式如何有利于知识应用的理论，因此图式具有知识性。图式表征的知识可以是一个词的意义、一个句子成分，也可以是文化背景、理论观点、思想意义等，如可以表示"课桌""书本"等具体物体的词义，也可以表示"忠诚""爱国"等思想。

4. 结构性

图式的结构性是由知识的结构性决定的。图式是一种多层次的分级体系结构，图式中的各知识节点间按照一定的联系组成一种层次网络。在这个网络中，层次越高，信息的范围就越广、越抽象；层次越低，信息的范围越小、越具体。此外，图式还是一种等级结构，带有子图式，一个图式可以被包含在另一个图式中。比如，小鸟属于动物，对于鸟来说，动物的图式是鸟的上位图式，羽毛、翅膀等则是鸟的子图式。又如，在餐馆这个图式中，食物就是它的子图式。

二、高校英语听力教学中语言图式的设计与运用

语言图式包括一定的语音知识、语法知识及词汇知识等，基本包括听者的全部语言知识。因此，要准确地理解听力文本，听者必须具有扎实的语言基础，这样，才能较快地利用已掌握的音位学知识对词语和句子做出正确的选择，避免听力理解时出现句法混乱或者语义不连贯的现象。从这个意义上讲，教师在教学中必须丰富学生的语言图式，具体表现在语音、词汇和语法等几个方面。

（一）语音方面

语音方面存在的连读、弱读、句子重音、不完全爆破、语调、英音和美音的差异等都有可能成为听力理解中的难点，教师必须指导学生了解并掌握其特点及规律，加强学生对语音知识的学习和语言微技能的训练。

1. 连读

连读是学生准确掌握听力内容的干扰因素之一。例如，以辅音结尾、以元音开头的两个相邻的词语需要连读，如 put-it-on，take-it-away 等。教师先通过举例直接解释连读的特点及规律，引导学生对这个语音图式知识回顾，然后要求学生听相关的连读录音，利用已激活的连读图式验证录音，使学生发现此处是辅音与辅音的连读，对储存的辅音与元音连读的图式进行修改，建立辅音与辅音连读的新图式。学生在听后不断进行口头练习，巩固这一语音图式。

2. 弱读

虚词（如冠词、连词及介词等）在朗读中一般弱读，弱读是听力理解中的一个难点。教师先将一些弱读现象展现给学生，使学生建立弱读的图式，然后采用举例法引导学生在听懂主要词语的同时，尽力听清这些弱读的虚词并了解其在文中的意义。

3 语调

出于表达感情的需要，人们说话时的语调往往会发生变化。不同的语调表达不同的意思，听者在听的时候要通过语调听出"弦外之音"。因此，听的时候，听者要注意辨别语调，准确地把握说话人的思想感情。辨别语调包括两个方面：一是辨别重音。重音的落点不同，强调的意思就不同。一般来说，实义词都应该重读，功能词都不重读。但在对话当中的起始部分之后，说话人可根据说话的目的，对任何单词或短语进行重读。句子重音不同，句子表达的意思不同。二是辨别语气。语气不同，表达的感情也不同。听者在听话时，把握好说话人语气的变化，有助于正确领会说话人话里包含的情感。

（二）语法方面

作为一种综合分析型语言，英语强调"法"治，如果听者连"法"都不懂，就谈不上理解。语法内容一般指词、句的构造规则及其语法意义。语法知识同样是听者必须具备的图式。因此，教师应努力帮助学生掌握语法知识，建立语法图式。在练习听力时，学生可以激活已有的语法图式，对语法现象进行分析和归纳，从而提高听力理解能力。

（三）词汇方面

学习一门外语在某种意义上就是学习它的词汇。当听者遇到满是生词的听力材料时，无论他具备怎样的图式抑或听力策略，都无计可施。词汇是一种语言里所有的（或特定范围的）词和固定短语的总和，词汇意义是指词素、单词以及词组的意义。对词语意义的正确理解在很大程度上取决于语境。听力理解不仅要求听者把音和词联系起来，还要求听者在短时间内从大脑中调用词汇知识来理解听力材料。如果在实际语境中不能辨别词语的真实含义，就往往会导致听力理解的失误。

总之，在高校英语听力教学的各环节中，教师应该不失时机地从语音、语法和词汇方面帮助学生建立较为完整、系统的语言图式。

三、高校英语听力教学中内容图式的设计与运用

内容图式指听者对听力材料涉及的主题的熟悉程度，对目的语相应的文化背景知识及世界知识的掌握程度。目前，高校英语教材主要涉及文化、艺术、地理、历史、社会等领域的知识，学生在缺乏西方文化背景知识或不了解中西方文化差异的情况下往往很难把握材料的大意。因此，教师在语言教学中要增强学生的文化意识，在听前阶段帮助学生建立和丰富以英语为母语的国家的人们的生活方式、生活习惯以及风土人情等方面的内容图式，提高学生的听力理解能力。[①] 具体来说，可采取如下方法。

---

① 王珍妮.探讨图式理论对大学英语听力教学的指导意义[J].管理观察，2020（2）：151-152.

（一）直接观察法

教师通过直接向学生展示实物，让学生观看图片、视频等多媒体资源，帮助学生直接建立与听力内容的联系。

（二）直接解释法

在听前阶段，教师用英语直接讲解与听力文本相关的文化背景知识，帮助学生建立自身先前的知识经验与听力材料之间的纽带，这样有利于学生对听力材料的理解。

（三）提问法

教师在听前向学生提一些与听力主题相关的问题，以引发学生思考，激活他们的内容图式。

（四）讨论法

教师先提出与听力材料相关的问题，组织学生以小组为单位进行讨论，各小组讨论完后派一个代表在班上做总结发言。在听前进行讨论，有利于进一步丰富学生的图式。

四、高校英语听力教学中形式图式的设计与运用

形式图式指人们具备的有关篇章组织和构成方面的知识系统。在高校英语听力教学中，学生会接触到不同体裁的文本材料，如果教师在教学中指导学生了解不同体裁文章的结构，让学生熟悉各种体裁的特点，那么学生在进行篇章理解时，即使有个别单词不认识，也可以较顺利地理解听力材料，甚至较透彻地理解文章的细节部分。因此，在日常教学中，教师要引导学生对不同体裁文章的特点进行归纳与总结，使学生在听前通过浏览标题和选项对听力文本的篇章结构有一定的了解，厘清文章的脉络与思路，进而丰富学生的结构图式。下面以说明文为例对形式图式的具体应用进行介绍。

说明文主要采用多种方式解释说明某种事物或现象，如举例子、列数字、打比方等。在听力理解时，教师指导学生在形式图式的指导下，调用语言图式和内容图式，对信息进行预测、验证、重构，使之形成有机的统一体。

五、优化基于图式理论的高校英语听力教学

（一）与图式相关的活动需要细化到听力课堂教学的各阶段

图式的具体化有利于学生更好地理解材料，并且该过程应体现在课堂教学的各个环节中。学生头脑中存在与社会文化背景知识相关的图式，只有将这种图式具体化，才有助于听力理解。比如，"reservation"一词包括预订火车票、飞机票、电影票，预订酒店房间等一系列的图式，学生要结合自身的经历来将图式具体化。

将图式具体化，需要师生共同参与。在英语听力教学前，教师要利用一些活动激活与学生即将听到的听力材料相关的背景知识和图式，如听前通过标题预测文章内容、观看与主题相关的图片、讨论主题、提前浏览听力问题、回答教师提出的与主题相关的问题和听取老师对背景知识的讲解等都能获得具体化的图式；学生要积极地做好思想准备。

听的阶段的主要目标是确定学生听到的是否与预测的内容一致，知道文章的大意和细节。学生在此阶段要积极地处理信息，如快速记关键词，判断先前的预测与听到的是否一致，并记住说话人的主要观点和分析材料的结构。总之，在听的阶段，学生要积极激活头脑中已有的旧图式，填充相关图式，使新信息更容易被理解和融入旧图式中，并经过检验和修正，建立新的图式，丰富已有图式的内容，从而提高听力理解能力。

听后阶段的活动同样重要，教师要引导学生拓宽思维，弄清意思。学生可以通过复述故事、写大纲等活动，将听到的听力材料的图表、线

索等储存在大脑中，作为背景知识供下次调用；还可以通过表演、对话、辩论等活动，在提高听力水平的同时，提高口语表达能力。需要注意的是，在这个过程中，教师要通过指导学生归纳和总结，使学生对现有图式进行修正和补充，形成全新图式。

（二）教师在听力教学中应主动帮助学生建立新图式

学生的听力水平会受到图式的影响，如果学生积累的图式数量不足，将导致学生在听力理解过程中无法获得信息，理解听力材料。因此，教师要不断丰富学生的图式。比如，文化背景知识的欠缺使学生在听听力材料时容易产生误解，造成听力理解的失败或中断，因此教师要讲解文化背景知识，把语言和文化知识联系起来，注意中西文化比较，逐步丰富和扩展学生的内容图式。又如，教师要指导学生建立形式图式，从整体上把握听力材料，进行推理归纳，帮助学生提高听力理解能力。

（三）引导学生将泛听与精听结合

听力理解的过程不是被动解码的过程，而是积极主动地对材料进行预测、分析和推理的过程，仅仅激活旧图式和建立新图式还不够，还需要对新旧图式进行有效整合，同时构建交互式信息处理模式，这样，学生的英语听力水平才能不断提高。对于独立学院的学生来说，很多学生在精听时过分注重对个别字、词、句的听辨和理解，单靠"自下而上"的模式进行理解，忽略了用自己的背景知识从整体上对听力材料进行预测和把握。因此，听力教学可以采取泛听与精听相结合的方法。教师可先让学生在轻松愉快的听力训练氛围中泛听，指导学生运用自己的背景知识进行整体性的把握，归纳听力材料的主题思想，缓解焦虑心理。然后，教师让学生精听，通过抓关键词、信号词，注意说话人的语调等捕捉重要信息。教师还可以鼓励学生在课外多进行英语泛听训练，选择自己感兴趣的，以科普常识、时事政治、生活习惯、文化教育、风土人情等为题材的听力文本，在泛听中积累多方面的背景知识，以便学生在精听时弥补语言图式的不足，结合熟悉的背景知识，对听力文本做出积极、正确的理解。

（四）引导学生充分利用多媒体整合资源，重视培养学生的文化素质

随着科学技术的发展，人们不再局限于采用单一的书本形式进行语言学习，而是把录音、录像、影视等资料应用到了语言学习中，特别是应用到了听说训练中。因此，教师要有效地利用多媒体教学手段，整合教学资源，如英语教学软件、教学资源库、网络课程等，构建人与人、人与计算机以及人与网络的高校英语课堂教学模式，为学生创造英语学习和应用的环境，培养和提高学生的英语应用能力。

语言与文化密不可分，利用多媒体充分调动学生的视觉、听觉等感知觉，加大可理解性的输入，有利于学生更深刻地了解语言。教师可鼓励学生多看英文电影和电视节目，充分利用大众传媒来丰富学生有关以英语为母语的国家的风土人情、社会文化、科普知识等方面的内容图式。如果条件允许，教师可以利用计算机终端让学生与英美籍人士直接进行交流，在真实运用英语进行交流的过程中练习口语，以最直接的方式获得有关地理、历史、社会、文化、政治和经济等方面的信息，这样以听带说，以说促听，可以极大地丰富学生的语言和文化知识。

第三章 高校英语口语教学

第一节 高校英语口语教学的理论基础

一、影响说的因素

根据口语产生的心理过程可知，影响说的因素主要包括文化因素、心理因素、语言因素和背景知识因素。

（一）文化因素

语言是交际的工具，也是一种社会规约。在不同的文化背景下，人们在什么时间、什么地点、向什么人、用什么样的方式、讲什么样的话都有固定的规则或习惯。外语学习者只有学习并了解这些规则或习惯，才能合理使用语言进行交际。

（二）心理因素

口语表达过程是一个非常复杂的心理和生理活动的过程，要想顺利高效地完成这一过程，讲话者需要处在轻松的、精力集中的状态下。紧张、恐惧、焦虑等不良情绪都会影响口语表达的正常进行。

（三）语言因素

语言是由语音、词汇、句子和语篇构成的，足够的语言知识是口语表达的基础，尤其是要掌握一些常用的习语和句型。每种语言都有一定数量的习语和基本句型，它们往往是一些常用的具有特定意义的句子、短语、单词，学习者要熟记它们，这样可以在使用的时候张口就来，提高口语的流利程度。

（四）背景知识因素

背景知识与学生的口语表达能力存在密切联系。学生在口语交际中要做到言之有物，就要先掌握相关的背景知识。

二、会话结构

口语表达能力主要指参与会话的能力，因此会话结构分析对口语教学具有重要的指导意义。对于会话结构的研究可以从两个方面入手：一是对会话整体结构的研究，从整体上看一个完整的会话过程是怎样构成的，即会话是怎样开始、怎样发展、怎样结束的；二是研究会话的局部结构，一次会话活动是由参加者一次接一次的交替发言构成的，一个参加者的发言和另一个参加者的发言之间有什么联系，如何构成连贯的话语，是会话的局部结构研究所要解决的问题。会话结构的研究涉及的内容很多，这里只介绍一些基本的概念。

（一）预示语列

预示语列是说话人在以言行事之前用来试探的话语，是表达邀请、请求、宣告等语旨行为的典型会话结构格式，通常用于谈话的开始或谈话中另一话题的开始。

例如：

（1）请求预示语列。

A：Do yon have the blackberry jam？

B：Yes.

A：Okay. Can I have half a pint then.

B：Sure.

（2）邀请预示语列。

A：What are you doing？

B：Nothing.

A：Want to play chess？

B：Sure. Why not？

（二）插入序列

典型的会话格式之一是一问一答，始发语一般是个疑问句，应答语则根据始发语表达的言语行为做出反应。但在实际的会话中，人们往往会在这一问一答之间添加插入语列。例如：

A：Are you coming tonight？（Q1）

B：Can I bring a guest？（Q2）

A：Male or female？（Q3）

B：What difference does that make？（Q4）

A：An issue of balance.（A4）

B：Female.（A3）

A：Sure，you can.（A2）

B：F'll be there.（A1）

在上述会话中，Q1 和 A1 构成一个问答，但是其中插入了另外三个回合的问答，Q2-A2、Q3-A3 和 Q4-A4，它们都是插入序列。

（三）话轮转换

会话的基本规则是两个和两个以上的人在一起轮流说话，即在同一时间里只有一个人说话，会话参与者遵循一来一往的原则。轮流说话中说话者的话语从开始到结束可以看作一个话轮，如果会话不断地进行下去，一个话轮结束之后，另一个话轮又会重新开始，直到整个会话结束。可见，话轮转换实际上就是一个动态的交际过程。

（四）会话的总体结构

会话在结构上也呈现出某些特点和规律。任何一次完整的会话都由开端、本体和结尾三个部分构成。比较起来，开端和结尾更能体现出结构特点，本体则因各次会话的性质、内容的不同而具有不同的结构特点。例如，打电话时总是以互相问候作为开始，然后是一个或者几个话题的对答，最后以告别语收尾。告别语和预示收尾的词语使收尾显得自然。

三、英语口语的语言特点

语言有口语和书面语两种表现形式，其中口语是语言存在的最基本形式，也是语言最活跃、最富有生命力的表现形式。其特点在语音、词汇、句法、语篇等各个层次均有所体现。口语的特点首先表现在它是有声的，它主要作用于人的听觉系统，依靠语音的变化来表达意义，口语的节奏、语速、语调等都可以表达丰富的意义。例如，从语调看，一个句子中一般有一个或多个调核。所谓调核，就是指一个语调单位中最重要、最显著的重读音节，它一般充当句子的信息中心。调核位置的调整是一种常用的有效表达感情意义的手段。

四、关于口语测试

口语能力是一项极难测试的技能。近年来，口语考试越来越受到教育行政部门和各种考试机构的重视，在高校英语专业考试和非英语专业的考试中都增加了口语测试。口语测试属于主观测试，如何衡量说话技能历来是个难题。一个考生的发音全部正确，但他不能适当而有效地与别人交流思想；另一个考生的发音不准确、语法错误较多，但他能成功地表达自己的思想。对这些考生如何评分，主考教师之间往往不能取得一致意见。因此，口试评分难免有一定程度的主观性。经过多年摸索、探讨，现在评判口试分数终于有了比较具体的标准。

根据口试的目的，测试题型一般有以下几种：

一是朗读。现在许多口试都含此项测试。首先发给考生一篇短文，令其稍加准备便朗读短文。此项目可测试考生的语音、语调及流利度等。其实，经验丰富的考官从考生的朗读中便可大致看出其口语水平。

二是日常会话。此项测试常采取面试形式，比较灵活。形式主要包括回答问题，考生就某一材料或某一方面内容回答考官的提问；看图说话，考生看图描述某一件事情、某一风景或某一问题等；讲述故事，听完或读完材料后，讲述其大意。

三是口语练习。其包括句型转换练习、结构练习、完成句子等。

四是命题发言。此项测试要求考生根据所给题目准备2分钟，然后进行3～5分钟即兴讲话。这种题型难度较大，但可反映考生运用语言的能力，可对考生的语言水平有更全面的了解。

第二节　高校英语口语教学方法

在语言交流的过程中，"说"是一种自己表述较简单而对方理解起来较轻松的沟通方式，因此高校英语教学对学生的口语水平也做出了相应要求，甚至将其看成衡量学生具备的英语水平的重要方面。口语学习在英语学习过程中并不只是出现在某个阶段，而是贯穿于学习过程的始末。但是，在学习第二语言的过程中，要想在短时间内迅速提升说的能力是存在一定难度的。基础知识掌握得牢对后续的口语表达能力的提升有很大的促进作用，但这并不意味着拥有足够的基础知识就可以拥有良好的口语表达能力。这也是一些拥有英语四、六级证书的大学生的口语表达能力不强的原因。那么，如何有效实施高效英语口语教学，提高学生的口语表达能力呢？

一、整合性干预模式

整合性干预模式的构建不仅要考虑学生的学习环境,还要考虑这一过程对学生自我管理能力的提升。其最终目的是要实现对学生"不管",培养其自学的意识。

(一)学习环境

人们一直都没有重点考虑过学习环境对学生产生的影响,认为其作用可能会很微小,但从"孟母三迁"的故事中人们可以了解到其实不然。学习环境对个人学习效果的影响是非常明显的,古人尚且有这样的意识,在当今社会,人们更不可忽视这种影响。因此,高校和教师要重视英语学习环境的构建。一方面,高校可设立校园英语广播电台,定期播出英语广播,让学生天天能听到英语,进而优化英语学习环境。英语广播内容可以包括校园新闻、佳作赏析、有奖征答、学习方法介绍、名曲欣赏等。另一方面,教师要在课堂上为学生提供用英语交流的机会,并与学生建立良好的师生关系,从而营造和谐的课堂氛围。这样,有了好的学习环境,学生在学习英语时一定能事半功倍。

(二)外部指导

1. 学习指南

习惯传统学习方式的学习者,一时很难接纳和适应网络时代的学习方式,学习过程中容易觉得彷徨和迷茫。学习指南可以为一些依赖性强的学生提供学习指导,帮助他们找到学习的方向,制订学习计划,防止其偏离学习的方向。

2. 技术帮助

网络时代,学生由于对互联网信息和计算机技能的掌握程度不够,在后期的学习中可能会遇到技术方面的阻碍,从而影响自身的学习效果。这一问题可以通过提供技术上的帮助，使学生打好技术基础来进行解决。

3.策略指导

在学生学习前，向学生普及一些关于学习策略和方法的知识，让他们可以对各种学习策略（主要包括认知策略、元认知策略等）有一个全面的认知。这样，他们在日后的学习中就能做到心中有数，就能正确使用这些策略进行学习，进而提高学习效率。

二、情境教学法

情境教学法是指在教学过程中，教师有目的地创设具有一定情绪色彩的、以形象为主体的生动具体的场景，以帮助学生理解教材，并使学生的心理机能得到发展的教学方法。情境教学法的形式有很多种，如辩论、角色扮演、对话等。下面就介绍这三种形式。

（一）辩论

辩论从根本上来说是一种比较激烈的智力对抗赛，而且竞争的意味比较重。辩论是对综合能力进行考验的活动，要求参与人员不但要具有厉害的口才，而且要有很强的逻辑思维能力，能飞速运转大脑，还要善于抓住对方的漏洞进行反击等，这是对参与者综合能力的极大考验。英语辩论的地点通常为教室，参与双方针对所给出的论题运用英语对自己的观点进行阐述，以期用有力的论据和清晰的表达来战胜对方。这是英语口语训练的有效方式之一。

（二）角色扮演

角色扮演也是教师在教学过程中对口语能力进行训练的方式之一，而且现在有越来越多的教师愿意采用这一形式，其目的主要是让学生不再胆怯，可以克服自己的消极情绪，在众人面前大胆表达自己的内心想法。这一方式通常是和小组学习结合在一起使用的，教师可以按照不同的剧情要求分配给学生不同的角色，学生可以通过与组内成员的相互配合来完成角色扮演任务。这种方式不仅可以锻炼学生的胆量，使其敢于在大家面前张口说话，还会使学生加深对角色台词的理解，提升自己的口语表达能力。

（三）对话

相较前面两种方式，让学生进行对话练习更容易操作一些，因此教师在英语教学过程中更愿意采用对话的形式。第一，通常对话不会占用太多的课堂时间，对教师和学生来说都是可以接受的；第二，对话的内容会更生活化，对学生来说更容易理解；第三，通过对话，学生也可以培养口语技能，提高自身的应变能力；第四，由于对话的对象是自己组内熟悉的同学，学生没有太过强烈的紧张感，因此对话口语训练会愉快地进行下去。

三、学习过程评价

（一）学习过程评价的定义

学习过程评价指的是在对学生学习过程中所使用资料进行搜集和研究的基础上，对学生的学习过程进行分析和判断，并对发现的问题进行及时、有效的解决，以期优化学习过程的一种评价方式。其指标主要包括学习的投入度、自主性、创造性和学习过程的个性化等学习活动指标。从实施进程的角度看，学习过程评价可以简单划分为评价准备、学习过程中信息的收集和整理、学习过程中的信息判断分析和评价三个阶段。

学习过程与学习结果是相互作用、相辅相成的，优化的学习过程可以促使良好学习结果的产生，如果想要对学习过程进行一定的优化，那么科学合理的学习过程评价就必不可少。

（二）大学生学习过程评价的定义

大学生学习过程评价指的是从学习过程中的投入度、自主性和创造性等角度出发，采用自评和他评的方式，对大学生学习过程的构成要素进行简单分析和价值评判的一种评判方式。其目的主要是从大学生学习过程的特点出发，关注大学生的学习过程及其评价问题，从而促使大学生的学习过程得到优化、学习效能得到提升。

第三节 高校英语口语教学与教育机器人辅助教学的创新实践

一、教育机器人的特征分析

笔者研究分析了目前可以用来辅助教学的教育机器人，总结出教育机器人的七个特征。

（一）数字化

教育机器人是数字化的，因此将教育机器人作为教学工具，可以利用数字数据的可共享性和可保存性这一特性开发教育机器人支持的语言教学的数据库。这不但有助于教师指导学生，而且有助于开发人员为语言教学设计具有更多功能的教育机器人。此外，教育机器人可以通过蓝牙或 Wi-Fi 等无线通道与计算机连接，这使得教育机器人能够借助计算机中的软件和材料与学生进行交互。

（二）灵活性

教育机器人的灵活性使教师能够根据相关的教学要求，调整和设计教育机器人所支持的口语教学活动。学生不再受既定的学习内容的限制，教师也不再受某些口语教学材料的限制。此外，未来学生和教师可以与教育机器人协作，共同选择口语教学活动形式和内容。这可能会使学生参与到语言课程的设计中，从而拉近教师和学生之间的距离。

（三）重复性

教育机器人可以毫无怨言地执行简单、重复的操作，这一属性不仅对需要重复使用相同教学材料的高校英语教师来说有用，对需要进行英语口语练习的学生来说也十分有用。反复练习有助于学生掌握一门语言，但要找到一个能不断练习英语口语对话的对象是不容易的，尤其是那些口语能力较弱的学生。因此，具有这一特性的教育机器人非常适合帮助学生开展英语口语学习。[1]

（四）人形外观

教育机器人的人形外观更具有吸引力，可以激发学生的好奇心和想象力。不管学习什么，学习动机在学习效率的提升中起着重要作用。一个仿真机器人可能会比口语视频更能增强学生练习语言技能的动机。

（五）互动功能

教育机器人的一个基本功能是与人互动的功能。这一功能使教育机器人可以成为教学助理，帮助学生进行对话练习。对话练习在语言课上很重要。通常一个教师同时扮演两个角色或选择一个学生配合自己进行对话练习。教育机器人通过语音识别技术，可以在与人互动时做出适当的反应，所以教育机器人可以参与对话练习。通过分析互动记录，教师可以更详细地了解学生的口语学习状况。

---

[1] 凌敏.教育机器人辅助英语口语教学的教学设计研究[D].武汉：华中师范大学，2019.

（六）身体运动

动作语言表达感情、意思更加直接、公开，在教学中起着十分重要的作用。能做出手势的教育机器人不仅能在说话时使用适当的手势指导学生，还能增加学生的学习动力。在英语口语学习中，这个功能甚至可以帮助学生理解教育机器人所说的未知单词。尽管教师也可以做手势，但他们可能很难做出某些滑稽或夸张的动作。

（七）拟人论

学生把外表和身体运动方式都像人一样的教育机器人当作真正的演讲者和听众，但他们也知道教育机器人不是真实的人。因此，学生不必担心自己在谈话中会因为发音不清或语法错误而被轻视或嘲笑。这可以减少学生的焦虑感，提高他们进行口语练习的意愿，尤其是进行对话练习的意愿。

二、教育机器人对高校英语口语教学的辅助分析

（一）英语教学设计的相关理论

1.建构主义理论

建构主义于1966年由瑞士儿童心理学家、认知心理学家皮亚杰提出。他认为，知识形成和发展的基础是主体与客体的相互作用，一方面是同化，另一方面是顺应。[1]同化即新经验要以原有经验为基础来同化新知识；顺应即新经验的进入又会调整、改造原有经验，或者使原有经验更加丰富，这就是双向建构理论。

建构性学习强调学习者对知识的主动建构，强调学习的积极性、建构性、诊断性与反思性、探究性以及问题定向的学习、基于案例的学习、内在驱动的学习等。而新课程改革也强调激发学生的主动性，强调

---

[1] 皮亚杰.结构主义[M].北京：商务印书馆，2011：24.

要帮助学生在已有的知识经验和新知识之间搭建桥梁，建立联系，以促进学生学习。建构主义与机器人辅助教学之间有以下契合点。

（1）自主探究。建构主义强调学生自主学习，并倡导帮助学习者联系已有的知识经验。教育机器人具备专家系统知识库及智能导学系统，能实时为学习者提供全面且个性化的学习资源，并且引导学生学习。

（2）情景创设。建构主义理论认为，学习是基于案例和情景化的。相较计算机技术，教育机器人具备语音识别、语音合成、人脸识别、智能解答、运动控制等功能，更有能力创设真实的学习情境。

（3）自我建构。建构主义理论认为，教学过程是学习者自我建构的过程。教育机器人能监测学习者的学习进程，并进行数据挖掘，为其建立个人信息库，从而提供个性化学习服务。教育机器人还能反馈教学效果并对接下来的学习方案进行优化，从而提高教学质量。此外，教育机器人可以进行自我建构并帮助学生进行自我建构。

（4）师生交流。建构主义的教学观强调以学生为主体、以教师为主导。教育机器人具有语音识别、语音合成、人脸识别、智能解答等功能，可以与学生进行多种形式的交流，教师可以从整体上组织教学，查漏补缺。这种形式有效地减小了教师的教学压力。

2.二语习得理论

20世纪70年代末，美国语言学家克拉申提出了一种名为"监察模式"的第二语言习得理论（简称"二语习得理论"）。该理论的核心是输入假说，强调"可理解性的输入"对习得语言的重要性。二语习得理论是基于对第二语言习得过程与规律的研究提出的。二语习得理论认为，语言的输入与输出相辅相成。这就要求高校教师选择既有文化内涵，又具有可读性的英语口语材料；要求增强课堂的互动性，让学生有更多的机会使用口语来练习和交流；要求体现学生的主体地位，突出情感教育，促进学生语言的习得。

在传统的高校英语教学中，教师过于重视"学习"的作用，忽视了"习得"的影响，过于强调自己在教学中的主导地位，忽视了学生的主体作用。高校英语口语教学区别于英语听力、阅读、写作等教学的关键，就是更加关注学生的有效输出。良好的课堂语言环境有利于学生提高口语能力，教师应该尽可能地在教学中为学生提供可以进行互动的学习环境，创设真实情境，加强与学生的互动，但互动不应局限于提问和回答，要激发学生的参与热情，使学生形成内在的思维模式，能够根据交际场景多样化地输入，准确地、有选择性地输出。同时，教师要及时了解学生口语方面的问题，在学生表达的过程中反复假设、检验、修改学生的输出成果，以提高学生的口语表达能力。使用教育机器人就能对这样的教学起到很好的辅助作用。教育机器人功能丰富，可以扮演多种角色，能为学生创造语言学习所需的情境，帮助学生练习，并提供个性化的学习材料，优化学习策略，及时反馈，让学生真正习得一种语言。

3.交际教学理论

交际教学理论以培养学生的实际交际能力为教学目的，其核心是"用语言去学"和"学会用语言"。该理论认为，教学活动要最大限度地使学习者在接近真实的语境中运用语言，而不是机械地训练语法和句型。其强调学生口语的学习应处于接近真实交际语言环境的学习情境之中。教育机器人正好能做到这一点，其智能导学系统可以根据学习者的水平提供难易适中的学习材料，并通过角色扮演的形式主动发布任务，发起对话，创设真实的学习情境，让学生在完成任务的过程中练习口语，从而真正习得语言。

（二）教育机器人辅助英语习得过程

在语言输入阶段，教育机器人可以用男性或女性的声音讲述故事，而教师通常不容易模仿各种声音，教育机器人的这种能力可以使其出色地完成角色扮演。教育机器人讲述故事时，还可进行动作演示或提供声音效果增加趣味性，使学生积极参与教学活动。教育机器人还可以为学生提供难易适中的、学生可理解的口语材料。另外，教育机器人可以播放教师准备好的课堂所需的口语材料，发布任务，提出学生需要解决的问题。

在语言练习阶段，教育机器人可以作为学习伙伴，与个别学生聊天，也可以扮演外国人，与学生交谈，或者扮演任务情境中的角色，这可能会鼓励学生使用外语进行交流。教育机器人可以改变说话的速度，在口语练习中，学生可以模仿这种说话速度。而当教育机器人辅助阅读课教学时，教师能够专注于学生的发音和语调。此外，教育机器人还可以记录聊天过程，监控学习进程，根据学生说出的语句难度等级，选择与他们同等或相近语言水平的语料，与学生进行交流。

在语言输出阶段，教育机器人可以进行随堂测试来检查学生的学习情况，并根据测试结果提供强化练习以及课后练习。教育机器人还可以通过监控学生的学习过程，挖掘数据，更新学生特征库、知识库，优化教学策略，同时辅助教师观察和记录课堂教学情况。

（三）教育机器人辅助英语口语教学设计

基于上述研究，教师可设计出教育机器人辅助英语口语教学流程图，具体流程如图3-1所示。流程主要分为三大部分，分别是教学任务分析、教学过程设计和教学评价与反思，其中的每一部分又分为许多子环节。教学任务的分析是整个教学设计的基础；教学过程设计就是借助教育机器人的技术优势，进行真实学习情境的创设，并选择合适的学习策略，提供合适的学习资源和工具，使学生展开自主探究学习；教学评价与反思用于评价学生的学习效果和整体教学情况，从而优化教学设计方案，是高校英语口语教学设计中不可或缺的部分。

```
教学任务分析 ──→ 教学目标分析
            ──→ 学习任务分析
            ──→ 参与者分析 ──→ 学生学情分析
                          ──→ 教育机器人特征分析
     ↓
教学过程设计 ──→ 学习情境设计
            ──→ 资源工具设计
            ──→ 学习策略设计
     ↓
教学评价  ──→ 形成性评价
         ──→ 总结性评价
     ↓
教学反思
```

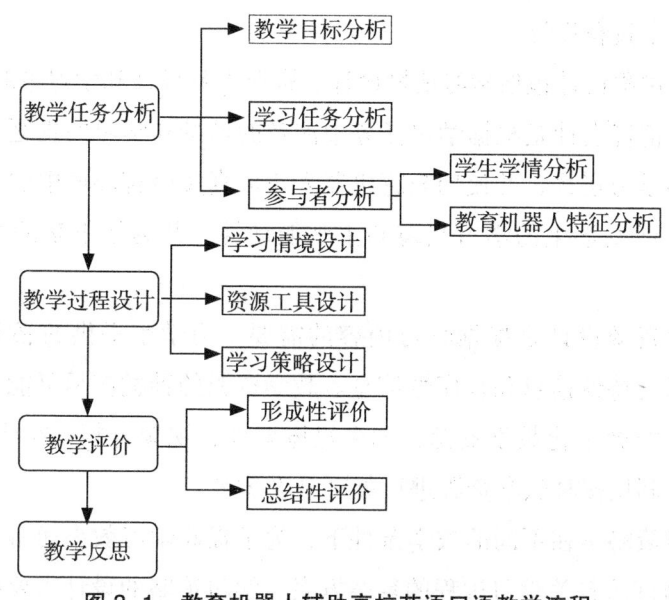

图 3-1　教育机器人辅助高校英语口语教学流程

1. 教学任务分析

教学任务分析包括教学目标分析、学习任务分析和参与者分析。

教学目标可根据布鲁姆教育目标分类法，从知识与技能、过程与方法、情感态度与价值观三个维度入手设计。学习任务分析即学习需要分析，这是教学设计中最先要进行的内容，它是对学习者目前的学习状态（教学问题的起始状态）与期望达到的学习状态（教学问题的终态）之间的差距分析。期望达到的学习状态主要由教学大纲和学习内容决定。教师从知识与技能、过程与方法、情感态度与价值观等方面对教学大纲进行分析，以明确某一知识点的学习任务，即学生学什么。参与者包括学生和教育机器人，参与者分析包括学生学情分析和教育机器人特征分析。学生学情分析即对学生学情进行分析，确定学习者的知识基础、认知能力和学习动机等内部因素；教育机器人特征分析则需要明确了解所使用的教育机器人的运动控制、外观触感、视觉、语音、连接等方面的性能，确定教育机器人在高校英语口语课堂中的使用模式。

2.教学过程设计

教学过程设计包括学习情境设计、资源工具设计和学习策略设计。

学习情境设计是根据学习任务中涉及的场景和学习的主题，设计接近生活的学习场景，并使用教育机器人完成真实语言环境中的不同角色扮演，以激发学生的学习兴趣和主观能动性，并为接下来的学习做好铺垫。

教学资源设计是根据学习内容的需要，为学生提供的必要预备知识，包括支持性信息和程序性信息。教学资源的种类应尽可能全面，这里通常是指数字化教学资源，如多媒体课件、视频音频、在线题库等，以供学生利用多种教学资源进行英语口语学习。

学习策略是在不同的教学条件下，为了提高学习效率而有目的、有意识地制订的有关学习过程的复杂方案。学习策略的设计需要根据教学条件、知识的特征以及学生的智力因素、非智力因素等来综合考虑。教育机器人作为辅助者，为完成教学任务提供辅助，教师则可以从整体上监控英语口语教学活动过程，把握节奏、查漏补缺、掌控全局，确保教学活动有条不紊地进行。

3.教学评价

教学评价分为形成性评价和总结性评价。形成性评价是英语口语教学过程中的内部导向性评价，不以评价英语口语学习的等级为目的，而是以优化教学活动为目的。形成性评价通常采用课堂观察、测验以及询问等方式进行，以了解学生学习效果、兴趣、态度等。总结性评价的直接目的是考察最终的口语教学效果，是外部导向的，是为了将评价结果提供给教育管理人员。通常在高校期末考试前，采用让学生根据主题自由论述的形式或主题表演的形式来评测教学效果，教育机器人可以协助监考，记录学生的考试过程，并利用语音功能对学生发音的准确度进行判定，为教师提供一定的参考。

4. 教学反思

教学反思是指教师英语口语教学设计的最后一步，也是不可或缺的一步。教师通过回顾自己在口语教学过程中的行为、决策以及产生的结果来进行自我审视和分析；通过教育机器人记录的教学过程，总结经验，优化英语教学。

第四章　高校英语阅读教学

第一节　高校英语阅读教学的理论基础

一、阅读的心理机制

阅读是一个认知和语言交际的过程，也是极为复杂的生理、心理过程。美国心理学家古德曼（Goodman）认为，"阅读是一种心理语言的猜测游戏"。这一猜测游戏过程的完成要求读者利用掌握的阅读能力，领会作者通过语言符号想要传达的信息，并将这些符号意义化，从而实现与作者思想上的交流。阅读理解的过程不是被动的"刺激—反应"过程，而是人们主动接收和加工新信息的过程。阅读的过程实质上就是理解语言信息的过程。

道林（Downign）和莱昂（Leong）把阅读的定义分为两类：一类强调的是译码的过程；另一类强调意义的获得。强调阅读是一种译码过程的心理学家认为，阅读是把书写的符号翻译成声音的符号，是视觉信号到听觉信号的一种转变。强调阅读是意义获得的心理学家则认为，阅读是读者根据自己已经具有的概念去建造新的意义。他们认为，阅读中的译码不是把视觉信号转变为声音，而是把它转变为意义。史密斯（Smith）认为，阅读乃是向课文提出问题，阅读理解则是使你的问题得到回答。当然，阅读的这两种不同的定义并不是完全对立的，因为强调译码过程的心理学家并不否认意义的获得，强调意义获得的心理学家也不否认译码过程。差别在于他们强调的是阅读加工的不同水平。吉布森（Gibson）和利文（Levin）关于阅读的定义被认为是具有一定综合性的定义而被许多人接受。在他们看来，阅读是从课文中提取意义的过程。从课文中提取意义，需要做到以下几点：①把书写符号译码为声音；②具有相应的心理词典，因而可以从语义记忆中获得书写词的意义；③能够把这些词的意义进行整合。因此，实际上吉布森和利文的定义包括阅读过程中加工的各级水平。人们一般将阅读解释为"阅读是对符号的解释""阅读是从书面材料中提取意义的过程""阅读是从书面材料中提取信息并影响读者的非智力因素的过程"，这几种对阅读的解释已渐趋完善。

在我国，语文教育家也从不同角度对阅读及其过程进行了阐述，下面列举几种有代表性的观点。

教育家叶圣陶曾说，阅读是"吸收"的事情，从阅读，咱们可以领受人家的经验，接触人家的心情。[①]叶圣陶主要从阅读的功能方面对阅读及其过程进行了说明。其中，"领受人家的经验""接触人家的心情"既指明了"吸收"的内容，也点出了"吸收"的特点是"领受"和"接触"。

阅读文章是透过书面语言，领会其意义，从中获取思想和学习语言的活动程序，是人们学习和认识世界的一种基本手段。[②]除了指明阅读的"功能"外，朱绍禹的"透过书面语言"指出了"吸收"的特殊性之一。

阅读从认知文字符号开始，经过大脑的分析综合活动，使人领会课文的意义，体会课文的感情，并凭借着课文练习阅读的技能，从而发展

---

① 叶圣陶.教育就是养成习惯[M].沈阳：万卷出版有限责任公司，2022：95.
② 朱绍禹.中学语文教育概说[M].呼和浩特：内蒙古人民出版社，1983：81.

阅读能力。[①]这里，张隆华点明了阅读这一复杂的事情主要是"大脑的分析综合活动"。

阅读的过程是一种根据作者及其创作环境以及文字语法修辞特征而进行的"释义"过程。[②]在"释义"的前头，顾晓鸣指出了释义的依据，也可以说是特定范围，这是很有见地的。那么，什么是"释义"呢？顾晓鸣在《阅读学：拓展阅读研究的广度和深度》中指出，人们通过直觉、联想、想象、逻辑分析和综合判断等一系列的思维活动，可以把符号及其作品还原为具有特定个人特征和社会情境特征的"意思"，把言变为"意"。简言之，"释义"便是把"言变为意"，也就是"还原"。在顾晓鸣看来，这种"还原"的过程是读者与作者凭借读物双向沟通的过程，是一种所谓的"设身处地"的活动。

阅读就是读者通过视线的扫描，筛选关键性的语言信息，结合头脑中储存的思想材料，引起连锁性思考的过程。这里不但点明了人们依靠视觉来获取读物信息，而且提出了"结合头脑中储存的思想材料"这一重要条件，给上述"还原说"以补充，从而较为完整地揭示了阅读的实质。换言之，关键性的语言信息与读者头脑中已有的有关材料结合，便能实现读者与读物的沟通，即将"言"还原为"意"。要实现还原，即读懂读物，这两个条件是必不可少的。只有当一定的语言信息激活或者再造了读者头脑中的有关表象时，阅读的过程才能展开，阅读才有效果。

在国外，阅读心理学家对整个阅读过程进行了许多研究和分析。一般认为，阅读理解涉及三部分：一是读者的认知能力（有关外部世界的一般知识）；二是读者的语言能力（包括他们的语音知识、句法知识、语义知识）；三是文本（文章）的结构组织。在不同的理论模型中，研究者强调的重点不同。有的强调文本的作用，假定文本本身对读者有重

---

① 张隆华. 语文教育学[M]. 重庆：重庆出版社，1987：43.
② 顾晓鸣. 阅读学：拓展阅读研究的广度和深度[J]. 语文学习，1987（3）：40-42.

大的影响；有的强调读者的作用，假定理解以文章提供的信息和读者已有的知识为基础。因此，阅读理解的理论模式大致可以分为三类：自下而上的、自上而下的和相互作用的。这些模式反映了不同的阅读观和侧重点。自下而上的模式的代表是高夫模式；自上而下的模式的代表是古德曼模式；相互作用的模式的代表是鲁姆哈特模式。下面将分别简要介绍这三种模式。

（一）自下而上的模式

这种模式假设信息处理过程始于信息的最小单位（笔画），即阅读从字词的解码开始一直到获取意义。从本质上说，阅读就是把印刷的"新语言"与读者早已掌握和理解的口头语言联系起来。因此，读者要掌握文本的全部意义，就必须加工句子，而这种加工取决于读者是否分析了那些句子的子句和短语。分析又取决于读者是否辨认出了那些单位中的字词。对大部分语言来说，字词的识别取决于读者是否辨认出了它们的字母（笔画）组成。显而易见，这种模式强调的是文本本身的作用。

按照这种模式，阅读过程是有组织的、有层次的。要达到任何一个水平，读者必须先达到所有低级一些的水平；但反过来说，达到低级水平并不一定就能达到高一级的水平。据高夫（Gough）的意见，可把阅读过程分解成四个水平：①肖像表征。眼睛扫描书写的文字，在头脑中形成字母特征（如线、边、棱、角）的短暂表征。②字母辨认。字母的特征进入特征登记器，读者从肖像表征中认出字母。③词义了解。根据字母的组合，在内部词典中查找词的意义。④句子中词的加工，即从左到右，连续加工各个单词，并联词成句，理解整个句子。其间，短时记忆起到了缓冲或暂时存储的作用。这个模式中信息的处理是一步一步向上按序进行的，由字而词、由词而句、由句而章，这似乎为教学安排提供了一个合理的结构：先教字母，再教字词，然后逐渐过渡到高级水平的技能的传授。但是，这个模式是有缺陷的，它可以说明阅读过程中的某些现象，但要说明整个阅读过程还是有困难的；它也不能说明在阅读过程中各种信息之间的相互作用。高夫模式的主要缺陷是它过于狭隘的假定：阅读就是从文本中提取意义的过程。许多研究表明，在阅读中，话语或文本仅仅是信息的一个关键来源，其他的信息来自读者已有的知识。因此，这里的问题是，虽然文本是以层次结构的形式把信息呈现给读者的，但读者可以直接在任何水平上提取并平行加工已有的信息。具体来说，读者确实能够以自上而下的方式激活已有的知识，以之补充或预期来自文章的信息流。

自下而上的模式反映了早期信息加工中的线性模式对阅读研究的影响，但它不能解释字母在词中要比孤立呈现时更容易知觉到（所谓"词优效应"），词在有意义的句子或故事中要比单独出现时容易识别，不管句子句法复杂程度如何，深层语义关系贯通一致的句子要比语义关系混乱的句子容易整合等现象，更不能解释整个阅读过程了。

这一模式的主要代表人物有高夫、贝尔格（Berg）等。高夫认为，阅读的过程是呈线性发展的。这一过程的起点为眼睛注意到所要阅读的文字，然后通过眼睛的扫描将影像传输到大脑中，最后经过大脑的一系列工作将其转换成人们需要的语音模式。当书面词语被大脑识别以后，它就被存储在大脑中而形成最初的记忆。初级记忆堪称一个具有储蓄功能的空间，可以容纳相当数量的词语。这一过程可以一直持续到大脑准确识别出这一单词的正确含义为止。

基于上述过程，阅读的过程可理解为一个解码的环节。所阅读的文章是作者用文字和符号按照一定的语法规则组织成的程序。读者则将其按照语法规则进行解码后再理解，从一个单词到短语，再到句子、段落，直至最后完成对整篇文章的理解。在这一原则的指导下，读者理解一篇文章离不开对语法规则的掌握，也离不开对字母的辨别。

（二）自上而下的模式

古德曼与高夫的观点不同。他主张阅读的过程是一个预测下一步信息并做出确定或否定的过程。他通过研究儿童朗读误差来建立自己的阅读模式。他注意到，当儿童边读边理解意义时，偶尔会出现符合文理的错误，读出与原字有别的音来。例如，把"制服"念成"校服"。古德曼解释那是因为儿童运用"智略"去理解笔画文字，而非单纯追随笔画文字，务求准确读出声音的结果。古德曼把阅读看作"取样、预期、检验和评实"的循环过程，认为阅读是一种心理语言学的猜测游戏。读者利用已有的知识和吸收的少量信息，猜测、构想出字母、字词和语音。他说，有效的阅读不是对文章所有元素准确知觉及辨别，而是选择最少、最有建设性的必要线索去猜测，而且一次猜测正确。换句话说，他主张阅读是追求意义，是读者已有知识配合篇章信息的过程。这是自上而下的模式：阅读始于智略层次，向下按序进行信息分析，读者运用已有的知识猜测文章后续的文字或意义。

古德曼模式对美国的阅读教学有很大的影响。由于古德曼强调过去经验的作用、理解的作用，认为在阅读中只需要很少的关于文字方面的线索，因而也出现了一些问题，即阅读教学中忽视基本知识的作用，使学生的技能有所下降。从理论方面来说，用绝对的自上而下的模式来解释阅读过程也是有困难的。

（三）相互作用的模式

相互作用模式吸收了自上而下与自下而上两种模式的合理之处，不再偏重文章提供的信息或读者已有的信息，而是把两者有机地结合起来，认为成功的阅读离不开自上而下的加工和自下而上的加工。也就是说，读者阅读时要运用自上而下与自下而上的策略。一般来说，读者要先用自上而下的策略去预测及推想，其阅读的目的与期望会影响阅读材料的选择。当读者注视文字时，读者则转而采取自下而上的策略，这时就要再激活合适的智能去对应输入的信息。

20世纪70年代，鲁姆哈特提出了相互作用的模式，这是众多相互作用模式中最具影响力的一个。在他看来，信息的汇总可以运用视觉处理与认知处理两种方式，其中认知处理是关键。视觉处理需要视觉信息，即文字；认知处理需要非视觉信息，即读者头脑中分等级安排好的知识结构，这种结构被称为"图式"或背景知识。阅读的时候，人脑像一个信息处理中心，不断地搜集输入的信息，并通过四个辅助储存库（表音法知识、构词法知识、句法知识和语义学知识）不断筛选、认同，从低级到高级依次处理。此时，与之相反的信息处理过程也在发生，读者在阅读过程中根据头脑中的背景知识和已有的语言知识，对获得的点滴信息立即提出假设，最先从语义学知识进行证实，然后进行句法知识分析、构词法知识分析和表音法知识分析，通过这一系列的分析对假设加以肯定或否定。每一阶段的知识分析不仅依赖更高一级的知识分析，也依赖低一级的知识分析，只有两者吻合，才能产生令人满意的阅读理解效果。否则，要对假设进行修改，以使两者逐渐趋于吻合。因此，读者若有丰富的背景知识，就能把注意力集中于高级阶段的提出假设上。可见，"图式"是基石，一切信息处理都建筑在这个基石之上。这个"图式"包括各种知识和生活体验等。

博克明（Birkmimc）1985年在某大学物理系和音乐系的学生中做了一个实验，让这两组学生阅读有关物理知识、音乐知识、某一鸟类知识的三篇文章，其结果是，当文章内容与学生的背景知识有联系时，学生的阅读速度与理解程度明显地超过缺乏相应背景知识的情况。这个实验的结果应该说是意料之中的，点明了阅读的重要条件之一，即生活经验的积累。另一个阅读条件则是识字和具备一定的知识。只有当这两个条件同时具备时，读者才能在不同层次上开展阅读活动，阅读的"还原"活动才能发生。这也就是阅读的实质。

因此，按照"图式"观点，阅读理解就是在文本的各部分之间、在文本与个人经验之间积极构造意义的过程。文本本身并不带有意义，它是创造产生意义的蓝图。它为读者提供了如何根据已有知识和经验，使用一定的策略来构造意义的方向。文本中的字词在读者头脑中激起了与之有关的概念、它们之间过去的相互联系以及它们潜在的相互联系。而文本的组织结构能帮助读者在这些概念复合体中进行选择。

相互作用模式能够说明阅读过程中的许多现象，这些现象用自下而上的模式或自上而下的模式来解释是有困难的。然而，阅读过程中各种信息之间的相互作用问题是十分复杂的，"图式"理论也并不是完美无缺的，要进一步具体说明这种相互作用过程，还需要不断深入地进行研究。

二、阅读的认知过程

认知语用学是一门从认知角度研究语言交际的学科，其从认知心理的角度分析和描述语言的理解过程。法国学者斯波伯（Sperber）和英国学者威尔逊（Wilson）在《关联性：交际与认识》一书中提出的"交际—认知"的关联理论是认知语用学的基本理论之一。关联理论从听话者角度研究语言交际活动中语言的理解过程，试图揭示听话者理解和推断说话者真实意图的心理认知过程。阅读理解作为一种书面语言交际活动，是一个从语言表层信息推知作者深层意图的动态认知过程。下面以关联理论为框架，分析阅读理解的认知过程，探讨"明示—推理"模式在阅读理解中的作用，并在此基础上探讨该推理模式对阅读理解教学的启示。

（一）阅读理解是一个认知过程

1. 阅读理解是揣摩作者交际意图的过程

关联理论认为，交际活动中的话语只是一种明示，一种用来提示说话人信息意图的证据；话语的字面意义只是推断话语的基础，理解话语是一个重构意义的过程。交际过程还涉及另一种交际意图。也就是说，在交际活动中，信息的发出者在发出信息时有两种意图：一种是发出信息的真正目的——交际意图，另一种是交际意图的表面表征（话语）——信息意图。为了交际的正常展开和最后成功，信息的接收者不仅要关注信息意图，更要理解其背后的交际意图。阅读理解不是直接的话语交际活动，而是作者与读者之间的一种书面语言交际活动。阅读材料的作者是信息的发出者，阅读材料本身传递着作者的信息意图；读者是信息的接受者，要理解阅读材料，必须在接受作者信息意图的同时揣摩其交际意图。可见，阅读理解过程就是读者揣摩作者交际意图的认知过程。

2. 显义和隐义共同存在于阅读材料之中

关联理论在论及信息意图时指出，在交际活动中，作为提示说话者信息意图的话语，其字面意义只是听话者推断话语显义（explicature）和隐义（implicature）的基础。显义是说话者明晰传达的假定，隐义是指说话者为了使自己的话语与交际过程有明显的关联而故意向听话者表明的语境假设或含义。在交际过程中，信息接收者不仅要了解信息发出者的显义，更要理解其隐义。阅读材料的文字信息有些与作者的交际意图直接关联，读者可以依据显义获得语境假设，并进一步揣摩作者的交际意图。但有些文字信息与作者的交际意图只是间接关联，读者必须在显义的基础上经过推理获得语境隐义，这样，才能进一步推理得出作者的交际意图。

3. 显义与隐义之间存在着某种关联

在交际活动中，话语的理解是一个动态过程。关联理论认为，听话者在理解话语时会利用推理机制，将话语的字面意义与可能隐含的信息加以综合，再结合语境假设，寻求它们之间的内在联系，选择其中具有最佳关联性的解释。因此，在理解话语的过程中，显义与隐义之间围绕交际意图存在着关联性，只有两者之间具有最佳关联性的解释才能成功地阐明交际意图。说话者提供具有充分关联的信息，引起听话者的注意，以便让对方理解与揣摩自己的交际意图。另外，听话者根据这些信息，以关联性为原则，结合当时的语境假设，在可能具有关联的信息中选取具有最佳关联性的信息。例如，在阅读过程中，当读者读到"John's a machine"时，其显义（语句信息）是显而易见的。但处在不同语境假设下时，读者就可能有完全不同的理解。读者的这些语境假设就在所难免："John 冷酷""John 能干""John 不停地干活""John 在喘气""John 不会动脑子"等。但究竟哪一种结论才是作者所期待的呢？读者要把显义（语句信息）与具体的语境假设结合起来，从两者的关联中寻求答案。

4.从显义到隐义的过程是"明示—推理"的过程

关联理论指出，交际是一个涉及信息意图和交际意图的"明示—推理"过程。明示与推理是交际过程中的两个方面。从说话者的角度来说，交际是一种明示过程——把信息意图明白地展现出来；从听话者的角度来说，交际是一个推理过程——根据说话者的明示行为（话语），结合语境假设，揣摩说话者的交际意图。从作者的角度看，阅读理解过程是一种明示过程。为使读者理解自己的意图，作者总是通过阅读材料直截了当或含蓄委婉地示意，为读者的推理提供证据。从读者的角度看，阅读理解过程是一个推理过程。为理解作者的交际意图，读者需要把作品提供的明示信息纳入"明示—推理"模式进行推理，寻找阅读材料同语境假设的最佳关联，从而得出语境隐义，理解作者的交际意图。可见，阅读理解作为一种书面语言交际形式，是一个以关联性为原则的，由显义到隐义的"明示—推理"过程。

（二）"明示—推理"对阅读教学的启发

从上述分析可知，阅读理解过程是读者与作者之间实现交际的动态过程，是读者依据关联理论分析作者字面描述的明示信息找到最佳关联的语境假设，并利用"明示—推理"模式获得作者交际意图的过程。在阅读教学过程中，教师既是课文作者交际意图的接受者，又是作者交际意图的传授者和学生整体认知环境的创造者。教师必须对阅读材料进行整体的归纳和概括，筛选出综合性的指导信息，以便帮助学生形成整体的认知环境。因此，在阅读教学中，教师应该引导学生着眼整篇阅读材料，给学生营造一个整体认知环境，而不应满足于孤立地讲解语言难点和分析难懂的语句。

在阅读教学过程中，首先，教师不能仅仅停留在对文本表层的理解，而应该把握阅读材料的精髓，充分理解作者的交际意图，并筛选出有助于学生形成整体认知环境的指导性关联信息。其次，教师在课堂上要重视必要的文化知识的传授，如课文的写作背景、作者的写作风格和语言特点等。同时，教师应该对阅读材料要点进行言简意赅的讲解，而不是把自己的理解全盘强加给学生。教师要以帮助学生形成整体认知环境为原则，为学生介绍一些关联信息，引导学生利用"明示—推理"模式形成更多的语境假设，找出作者真正的交际意图。教师可以让学生仔细分析阅读材料的标题和论点，让学生用头脑中已有的知识对未知信息做出合乎逻辑的推断，从而预期阅读材料的隐含意义，并在阅读中进行验证。再次，教师应给学生讲解一些分析和推理的技巧和方法，对学生进行适当的逻辑训练，以真正提高学生的理解与推理能力。最后，教师要组织学生展开课堂讨论，即让学生在阅读过程中以小组为单位列出文章的提纲，并找出文本的中心思想，然后让学生围绕文本的要点和中心思想（作者的交际意图）展开讨论。通过讨论，学生不仅可以纠正自身错误的认知，深化理解，还可以拓展思维空间。

综上所述，从关联理论的角度看，阅读理解的过程实际上是读者从作者的明示信息中进行关联程度最大的逻辑推理，从而获得作者交际意图的动态认知过程。阅读教学过程就是教师引导学生依据阅读材料，用关联理论及"明示—推理"模式进行分析和判断，进而推导出正确的交际意图的过程。

第二节 高校英语阅读教学方法

一、合作阅读教学法

合作阅读教学法是让学生基于组内合作的形式，通过讨论交流彼此的观点，加深对文章内容的理解。这种教学方法对大部分学校的课堂教学来说都是适用的，尤其对那些学生水平相差较大的班级来说，合作阅读教学法的教学效果最为明显。学生通过互助和合作使得英语单词量得到不同程度的增加，合作意识也得到不同程度的增强。

具体来说，合作阅读教学法的实施可分为以下四个阶段。

（一）读前预习

只有学生熟悉了课文，教师才能顺利进行教学。为防止学生盲目进行预习，教师可提前给他们布置一些预习题，然后在课堂上进行检查。

（1）阅读课文，找出并设法弄懂你认为比较重要和难懂的词句以及习惯用法等。

（2）试着回答课后的练习题。

（3）结合文章内容划分整篇课文的段落，然后对划分的段落进行大意总结。

通过预习，学生改变了被动的学习状态，这样在上课时就能做到心中有数。

第四章　高校英语阅读教学

（二）细节阅读

细节阅读，也可以理解为精细阅读。精细阅读要求学生阅读整篇课文，围绕课文回答 5 个 W（who，where，when，what，why）问题，这类问题一般均可以从课文中直接找到答案。这类问题通常是比较多的，教师要抓住重点内容对学生进行提问，以此促进学生实践能力的提升。

（三）粗略理解

检查粗略阅读理解主要是对涉及文章内容的叙述性因素的发生顺序进行梳理，对答案的正确与否进行判断，根据原来掌握的旧词学习新词等。

（四）合作学习法的应用策略

合作学习主要分为师生间合作和生生间合作两种方式。但是从本质上说，无论采取哪一种方式，都是以合作为出发点的。所以，为了在教学过程中使合作的作用发挥到最大，其中一定策略的使用是必不可少的。

1. 分组策略

划分小组并不是一件简单的事情，需要考虑的因素是多方面的，如学生的学习成绩、能力水平、行为规范、性格特点等，要使各小组觉得这样的分组是合理且公平的，确保各组内的每个成员都可以获得相同的竞争机会。

2. 问题设置策略

教师的授课从某个角度来说，对学生的合作学习起到了一定的促进作用。在合作学习过程中，教师的作用就是在最短的时间内将所用到的语言知识和交际信息以合理的方式传授给学生，然后在关键处设置问题关卡，以此来调动学生的学习积极性。需要注意的是，教师设置的问题要难易适中，以激发学生的探究兴趣。

3. 指导策略

合作学习要始终坚持学生的主体地位不变，教师处于辅助地位，起指导作用。此外，教师在学生合作学习过程中还负有监督的责任，就是要实时掌握小组内成员的学习状态，对每个成员进行指导。教师还需要采取多样的方式促使学生积极开展合作和交流，以实现信息的共享，培养小组成员间的团队合作精神以及竞争意识，推动其自学能力的形成。

4. 评价策略

竞争与合作是相辅相成的，在某种条件下甚至可以相互转化，合作是为了更好地竞争，竞争是为了更好地合作。合作学习并不意味着学生之间一直都是合作的关系，有时他们也会适当地进行竞争。适当的竞争会使学生的学习兴趣得到有效提升，而能对这个过程产生推动作用的就是评价策略了。出于对这种情况的考虑，教师在英语教学的过程中要对组内每个成员的表现或者小组整体表现进行关注，仔细观察学生表现出来的积极方面，然后在最后评价的过程中主要对这些积极的方面进行肯定。这样，学生的身心都会受到极大鼓舞，感觉自己是有用的，在日后的学习中会更加用心。但是，如果教师对学生的进步视而不见，在评价时也主要针对学生的一些不足之处进行放大处理，久而久之，学生由于长期处于一种消极和压抑的环境中，学习兴趣也会下降。从这个角度来说，学生的积极性和正面评价策略是正相关的关系。

二、分层处方阅读教学法

（一）分层处方教学的概念

笔者通过对文献的筛选研究，发现关于分层教学、处方教学的概念的探讨较多，而且说法不尽相同。对学习者而言，分层教学、处方教学有着近乎相同的理念，都是基于因材施教的教育理念，承认学习者的差异。分层教学要求区别对待素质不同的学生群体，利用差异，从学生群体的实际情况出发开展教学活动。此教学方法可以使处于同一层次的学生取得大幅度的进步,但是其在教学设计中并没有对同一层次学生的实际情况进行科学而合理的分析,同时制订出相应的切实可行的教学方案。对于处于同一学习层次上的学生个体而言,过于整体(笼统)的教学内容难以让学生个体在教学过程中获得自我学习效能感,进而无法在学习中获得太多喜悦感,难以获得明显的进步。处方教学的实施对象则更加具体化,它强调教师从个体实际出发来进行"诊疗"。这是一种基于个体的"治疗"教学,既符合教学伦理,也体现出了教学的科学性。对于个体而言,处方教学真正做到了"对症下药",使其在多次学习成功的体验中获得自信、愉悦感、自我效能感,从而超越自我,获得发展。所以,针对个体的处方教学可以最大限度地激发其学习兴趣与动机,使其实现自我发展。高校英语阅读教学中,分层处方教学的探索性实施,正是基于分层教学与处方教学两者的优势,克服两者缺陷,解决高校英语阅读教学中的难题。

分层处方教学考虑到了学生个体身心发展的规律及特点,理论科学,可操作性强,充分发挥了分层教学与处方教学的优势,弥补了两者的不足,最大限度地发现并发展了各层次学生的优点和特点,从而最大限度地提升了学生的综合能力。

(二)英语阅读分层处方教学的实施策略

1.确立学生的主体地位

确立学生的主体地位是以人为本的教育观念的具体表现。教师在教学中要引导学生主动参与,培养学生搜集和处理信息的能力、获得新知识的能力、分析和解决问题的能力以及交流与合作的能力,让学生在学习知识的过程中感觉到快乐。"学习的最好动机是对所学知识本身发生兴趣,不宜过分重视奖励、竞争之类的外在刺激。"[①] 分层处方教学可以

---

① 布鲁纳.教育过程[M].邵瑞珍,译.北京:文化教育出版社,1982:54.

改变传统英语阅读教学长期以来采用的灌输式的教学方式，确立学生的主体地位，促使学生积极主动地学习。高校英语阅读教学过程中实施分层处方教学可以全面提高学生的综合素质，真正做到以人为本。

2. 英语阅读分层处方教学要体现时代性

在分层处方教学过程中，教师要改变传统英语阅读课程"繁、难、偏、旧"的现状，加强课程内容与学生生活的联系，关注学生的学习兴趣和经验，关注英语课程进度的改变，使课程具有时代性，反映科技发展的新成果。

3. 将多媒体技术融入高校英语阅读分层处方教学

将多媒体技术融入高校英语阅读教学是教学手段的一次飞跃，教师在高校英语阅读分层处方教学中可利用多媒体技术图文并茂、形象直观的特点为学生创设各种情境，为学生提供高清晰度的富于动画效果的彩色图像，实现视觉力与听觉力的完美结合，以调动学生多感官参与学习，激发学生的学习欲望。

4. 密切联系实际，增强英语的实用性

高校英语阅读分层处方教学中，教师要根据学生的需求，密切联系实际，灵活地开展教学活动。首先，教师要选取典型的生活实例来导入新课，激起学生的求知欲望和学习兴趣。其次，在教学内容上，教师要始终注重英语阅读的实用性，使学生学会运用英语知识解决现实问题。最后，在高校英语阅读分层处方教学中，教师要联系学生的实际情况，设置多样化的题型，使练习内容丰富多样，富有趣味性，这样不仅可以让学生进一步理解课文内容，还能增强英语的实用性，提高学生英语运用能力的。

5. 注重构建充满人文关怀的英语课堂

（1）注重课堂教学语言的运用。

①激励性语言。在高校英语阅读分层处方教学中，教师若能根据学生的心理特点和个性差异，精心地设计一些激励性语言，就能对学生产

生良好的心理刺激，增强学生的自信心。例如，"在阅读的过程中，你很认真，也一定有许多疑问，请大胆提出来"，这样的语言能鼓励学生提出疑问，发表见解；"说错了，没关系，我会帮助你"，这样一句鼓励性的语言可以使学生没有顾虑地投入学习；"你是一个很有想法的孩子，你的见解很新颖"，以这样的语言肯定学生的创新思维，对学生有很大的激励作用。

②赏识性语言。教师在高校英语阅读分层处方教学中运用赏识性语言，对学生的良好表现给予肯定、赞扬，体现对学生的人文关怀。例如，"你与老师想到一块了，你真是老师的知音啊""你太有水平了，你提的问题是我没有想到的"。教师的赏识、赞许可以让学生在学习英语的过程中获得喜悦感。

③尊重性语言。教师在高校英语阅读分层处方教学中应当尊重学生具有创造性和个性化的理念，实现师生之间的平等对话、思想交融、情感共鸣。比如，教师对质疑的学生说："你敢于向老师提出个人见解，非常了不起。"又如，教师主动邀请学生说出自己的看法："你的思维很独特，能说说你的想法吗？"这样可以使学生感到自己受到尊重，有利于学生发表自己的见解，获得充分发展。

④幽默性语言。在高校英语阅读分层处方教学中，教师要运用幽默的语言，调节课堂气氛，让学生在笑声中学到丰富的知识，领悟到其中蕴含的思想情感以及人文关怀。

（2）打造良好的学习氛围。营造良好的学习氛围，需要教师、学生的共同参与。在高校英语阅读分层处方教学中，教师不能墨守成规，而应改变传统的教师与学生一站一坐、一讲一听的模式，与学生建立和谐的师生关系，营造良好的课堂氛围，充分调动每个学生的学习积极性，使其全身心地投入学习中。

6.优化评价方式

高校英语阅读分层处方教学中，教师要优化评价方式，使之体现人文关怀。以作业批改为例，教师在批改学生作业时，要根据每个学生的实际情况，写下自己对学生本次作业的批语，注意批语要体现人文关怀，如"这次完成得太好了，要继续努力啊""这次作业的正确率很高，如果字写得再好些，就更好了"等。这些看似简单的批语体现了教师对学生的关怀，有利于增强学生学习英语的自信心。

7.因地制宜，编写校本教材

在高校英语阅读分层处方教学中，教师可以将校本教学作为辅助来使用。这样，更有利于针对本校特点和学生需求开展教学活动。那么，如何开发校本教材呢？笔者认为，高校开发校本教材要遵循以下原则。第一，"必需、够用"的原则。在校本教材的编写和内容的选择上，对基础理论知识的安排要把握好"必需"与"够用"这两个度。第二，以培养能力为本位的原则。第三，发展性和创新性的原则。校本教材的编写要坚持发展性的原则，对内容应适时调整和优化，为学生的未来发展打好基础。另外，校本教材的开发本身就是一种创新活动，要使这种创新活动顺利开展，就必须有一定的创新意识。在校本教材的开发过程中，高校不仅要注重结果的创新，还要注重过程的创新。第四，科学性和趣味性相结合的原则。在编写校本教材的过程中如果只注重科学性和规范性，就不利于激发学生学习兴趣；如果一味追求生动性、趣味性，就难免使校本教材的编写具有随意性，降低校本教材的科学性。这就要求高校在编写校本教材时既要使其符合教育目标，又要以学生为本，既注重内容的科学性，又要考虑校本教材的趣味性，便于学生学习和掌握知识。

三、基于体裁的阅读教学法

（一）体裁教学法

体裁教学法（genre-based teaching approach）是产生于20世纪80年代中期的一种以体裁为基础的教学方法，这种教学方法可以应用于英语阅读、写作、听力、口语以及翻译等教学中。它以体裁分析理论为基础，围绕着语篇的图式结构展开教学活动，其宗旨是让学生了解属于不同体裁的语篇具有的不同交际目的和篇章结构，让学生认识到语篇不仅是一种语言建构，还是一种社会的意义建构，让学生既掌握语篇的图式结构，又能够理解语篇的建构过程，从而帮助学生理解或模仿写作属于某一体裁的语篇。

（二）对不同体裁语篇特点的分析

高校英语教材中有多种体裁的语篇，不同体裁的语篇不仅交际功能不同，其语言风格和组句成篇的模式也各不相同。在教学过程中，教师要让学生掌握各种语篇的体裁特征，以便学生能正确掌握不同体裁语篇的交际目的、图式结构和语言、文本特征，在阅读时能正确理解语篇的精髓。这里将对说明文（exposition）、议论文（argumentation）和描写文（description）三种常见的体裁进行详细分析。

1. 说明文

说明文（exposition）是指那些对某个事物或者某种现象的产生、发展特性、性质和状态、功能等进行阐述、介绍、解释或说明的文章。这类体裁的语篇交际目的是解释、说明，让读者明白作者所要解释的现象、传播的信息、表明的观点等。说明性的语篇是语篇中常见的种类之一，因为它适用于任何与理解有关的语篇，常用的说明方法有比较和对比、列举、分类、定义、分析法以及说明性叙述等。它也是在大学阅读教学中使用最多和最常见的一种体裁。

说明文的语篇模式有很多种，其中常见的几种模式是问题解决模式（problem-solution pattern）、因果关系模式（cause-effect pattern）、概括—具体模式（general-particular pattern）和比较—对比模式（comparison-contrast pattern）等。下面将对"问题—解决模式"进行具体分析。

问题解决模式的宏观结构一般由情景（situation）、问题（problem）、反应（response）、评价（evaluation）或结果（result）四个部分组成。情景是对文章主题的背景介绍，在语篇中可有可无；问题就是要阐明的语篇主题；反应是指解决问题的办法；评价或结果是指对解决问题的方法做出的评定。

一般来说，说明文中当对问题提出了有效的解决措施并有了肯定的评价后，语篇也就结束了，但当问题没有完全得到解决，评价或结果是否定的时候，文章的作者可能就会转而寻求其他解决方法，于是就会循环出现问题解决模式，直至找到有效的解决办法。

问题解决模式的说明文不但在体裁的图式结构上有自己独特的地方，而且在词语上具有鲜明的特色。麦卡锡（McCarthy）对该模式经常出现的词语做了总结：问题部分的词语有concern、difficulty、dilemma、drawback、hamper等；反应部分的词语有change、combat、come up with、develop等；解决与结果部分的词语有answer、consequence、effect、outcome、result、solution等；评价部分的词语有（in）effective、manage、overcome、succeed等。[①]

2.议论文

议论文（argumentation）的交际目的主要是针对某个有争议的话题或观点来劝说别人信服自己的看法。议论性的语篇有着严密的逻辑结构，通常采用提出问题、分析问题、解决问题的步骤进行逻辑论证。提出问题即论点（debatable point），是对作者的立场、观点的陈述；分析问题即论据（evidence），是用来证明作者论点的正确性的；解决问题即结论（conclusion），是作者经过推理论证后得出的结论，是对论点的再次肯定。

因此，此体裁的语篇在图式结构上呈现出的显著特点为引言

---

① 张丽亚.现代英语语言学研究[M].长春：吉林人民出版社，2019：69.

(introduction)—正文(body)—结论(conclusion)"三段式"结构。此外，该体裁的语篇还具有论点明确、论据充足、层次分明、逻辑性强等文本特征。

该体裁的语篇通常在引言部分提出论点，并阐述论点提出的背景；正文部分是提供论据证明论点的过程，一般将支持论点的强有力的论据放在最前面，也可以从反面论证，驳倒论据，否定论点；结论部分再次强调主题，对全文做出总结，也可提出建议或展望未来。

教师在教学生阅读该体裁语篇的过程中，要引导学生根据议论文"三段式"的结构特点，找出作者要讨论的论点，然后分析作者是采用哪种手段论证其论点的，最后得出什么样的结论。通过分析，学生可以厘清语篇的论点、论据和结论之间的逻辑关系，从整体上把握语篇的脉络，提高分析、归纳及综合的推断能力，进而在阅读过程中快速找到有效信息。

3. 描写文

描写文（description）这种体裁与世界在人们感官上产生的印象有关，即用生动形象的语言表达人们感受到的东西，以描述人、物、景、经验、感情、局势等的印象特征为主。描写文的交际目的是通过对具体细节的描写来激发读者的想象力，引起读者的共鸣。在阅读过程中，学生很少遇到单纯的描写文，描写常被用于其他体裁的语篇中，特别是记叙文中，在讲述故事时时常会使用生动形象的描写来激发读者的想象力。

描写文的语篇通常采用的语篇图式结构为整体印象（dominant impression）—细部描述或细节描述（detailed description）—整体印象（dominant impression）。整体印象是对所要描写事物主要印象的总体概括；细节描述是从不同角度对所要描述事物具体特征的描写。在对细节进行描写时，写作者不能简单地将细节罗列出来，而是要从某个假设的观察者的不同角度出发进行描写，或通过一个固定位置的观察者以某种系统的方式观察整个场面或物体。①

通过对以上三种基础体裁的语篇特点的分析可以发现，每种体裁的语篇都有各自不同的交际目的，为了实现特定的交际目的，不同体裁的语篇在谋篇布局和遣词造句方面呈现出了不同的特征。然而，各种体裁的语篇图式结构并不是独立存在的，在一个完整语篇中可能会存在多种图式结构相互交叉的情况，但从整体上看，不同体裁的语篇具有不同的体裁特征。

（三）体裁分析与阅读的步骤

根据体裁分析理论，在阅读教学过程中教师要从体裁分析入手，对不同体裁语篇的特征进行分析，让学生全面掌握这些体裁的特征，了解作者为实现交际目的所采取的各个"步骤"，并了解作者采用的语篇图式结构，借此达到在阅读时既可预测作者要说些什么，又知道作者会如何说的目的。通过对语篇的体裁分析，学生可以在头脑中对语篇结构形成清晰的脉络，掌握语篇模式，在阅读时迅速把握语篇的整体意义，领会作者要表达的思想，更加深入地理解整个语篇深层次的含义，从而提高获取信息的能力和阅读理解的能力。

1. 知识导入

知识导入是让学生形成体裁意识的教学过程。在正式开展体裁阅读教学之前，教师要让学生做好课前预习工作，自行解决一部分词汇、句法问题，扫清阅读障碍，争取不挤占教学时间。同时，教师要做好体裁知识的预先导入工作，将与语篇有关的历史背景、社会风俗、文化常识介绍给学生，预先讲解教材中的"Preface"部分，鼓励学生提出有创意、有见地、有探讨价值的问题，为正式开展体裁阅读教学做好预热准备。

---

① 胡曙中．英语语篇语言学研究 [M]．上海：上海外语教育出版社，2005：45．

2. 体裁分析

体裁分析的目的是形成体裁图式结构。教师根据当前正在教的语篇，对语篇体裁进行全面阐述和深入分析，详解该种体裁的交际目的、语篇结构和语言特征，使学生在头脑中形成体裁图式结构。例如，在讲解消息体裁语篇时，教师向学生说明消息体裁的交际目的是报道事实和吸引公众注意，一般需具备"5W"要素，多采用倒金字塔式的行文结构，将高潮或结论置于语篇前部，多采用一般过去时态，多使用含直接和间接引语的陈述句，诸如此类。这样，学生再次阅读该种体裁的语篇时，就能够快速判定体裁类型，并根据通用语言特征进行有效阅读。

3. 语篇解析

语篇解析的目的是熟悉不同体裁语篇的阅读方法。教师以翻阅教材、印发活页、多媒体播放等形式，向学生展示语篇范文，引导学生寻找结构特征和语言标志，并针对文章主旨、层次结构、写作意图、感情色彩提出问题。以消息体裁为例，教师可先向学生提问："这篇消息要传达怎样的信息，具体分几个层次阐述？""作者有怎样的写作意图？""感情色彩如何？"然后，教师指导学生明确阅读目的，宏观把握全文脉络，深层次理解语篇内容。当学生阅读完毕并回答预设问题后，教师做总结性分析和补充性说明，让学生在较短的时间内掌握阅读该体裁语篇的方法。

4. 自主研讨

自主研讨的目的是让学生形成个性化思维，教师赋予学生一定的阅读自主权，选择一些与教学语篇体裁相同的语料，让学生模仿教师的体裁分析和语篇解析方法，进行自主研讨和自由评述，将体裁教学模式与自学模式融为一体。通过自主研讨，学生将形成个性化的体裁阅读思维，体验分析语篇、思考问题、习得知识的全过程。同时，自主研讨的过程由学生主导，通常可引发热烈讨论，有利于活跃课堂气氛，培养学生的英语学习兴趣。

5. 归纳总结

归纳总结的目的是形成针对不同体裁语篇的阅读知识体系。归纳总结由教师主导完成，要求教师在与学生共同整合体裁分析、语篇解析、自主研讨阶段的研究素材后，全面讲解语篇体裁的图式结构特点、语言特点和文本特点，总结该种体裁语篇的阅读难点和解决方法，介绍该种体裁语篇的出题角度和答题技巧，形成完整的针对不同体裁语篇的阅读知识体系。

6. 阅读训练

阅读训练的目的是强化学生阅读不同体裁语篇的能力。教师可以按照阅读训练目的为学生安排课后阅读任务，划定语篇范围，制定考核标准，定期考查学生的课后阅读情况；也可以印发活页阅读材料，设计定位练习、功能练习、段落练习、总结练习、连贯练习等体裁语篇训练专题，进一步提高学生的阅读能力和独立分析能力。

综上所述，体裁教学法为高校英语阅读教学提供了新思路和新方法，并据此形成了以体裁分析为标志的体裁阅读教学模式。经过课前、课中、课后三个教学阶段，经过知识导入、体裁分析、语篇解析、自主研讨、总结归纳、阅读训练等教学程序，可以使学生了解体裁基本知识，认识到体裁分析优点，学会体裁阅读技巧，形成体裁图式结构，从语篇中获取关键信息，并采用正确策略进行阅读和解题。虽然体裁阅读教学模式具有很强的可操作性，但目前对其研究仍处于探索阶段，仍有大量的问题需要解决，如教学大纲设计、体裁语篇选择、专门教材编写、基本技能培训等。教育工作者应积极解决相关技术问题，探索更好的实现方法和创新形式，促使体裁阅读教学模式在我国高校英语教学中全面铺开。

（四）基于阅读体裁教学的三种图式

根据图式理论，阅读的好坏主要受语言图式、内容图式和形式图式三种图式的影响。语言图式是关于语言方面的知识；内容图式是指与文本内容有关的背景知识，即读者掌握的与文本主题有关的知识，它是阅读的核心和关键；形式图式则是关于语篇结构方面的知识，即读者对文本体裁的了解程度。大脑中储存的这三种图式分别与文本的语言、内容和形式相互作用，从而帮助读者理解文本。

1. 语言图式

具体而言，阅读理解中的语言图式就是关于文本的词汇、语法和句型的基础知识。理解和掌握基本的语言知识是阅读的前提。实践证明，语言知识的多寡对读者的阅读理解水平有着重要的影响，特别是在学习的初级阶段。如果词汇匮乏、语法知识匮乏、句式结构不清，阅读技巧和策略再好，阅读理解也难以达到应有的效果。因此，语言功底差不仅影响学生阅读的速度，还会阻碍学生准确理解文本。

阅读材料是由各种抽象的语言符号组成的，在阅读时，读者只有进行意义选择并形成意义建构，才能够理解文本的语言信息，而这种意义选择和建构依赖读者大脑中储存的单词、语法等语言图式。这些语言图式的欠缺会导致读者对文本产生错误判断或阻碍读者的理解。如果读者有相应的图式，但对它的含义变化不够了解，即没有足够的图式，也会影响阅读理解的效果。由此可以看出，在教学过程中，教师一定要引导学生加强对语言基础知识的学习，使其掌握足够的单词，掌握语法知识，建立完整的语言图式，从而为达到良好的阅读理解效果打下扎实的基础。

2. 内容图式

要想获得良好的阅读理解效果，仅有语言图式是不够的，还需要"关于文本内容的背景知识"。换言之，对文本涉及的主题的熟悉程度是决定阅读理解效果的核心和关键。任何文本都不是语言基础知识的简单组合，它还在各个层次上体现着使用该语言的民族的文化，因为语言是文化的载体。文化背景知识是构成读者内容图式的重要部分。内容图式在一定程度上可以弥补语言图式的不足，帮助读者预测和选择信息，排除歧义，提高读者对文本的理解程度。读者如果缺乏理解文本所需要的背景知识图式，那么容易产生阅读理解错误。

3.形式图式

形式图式是指关于各种文体篇章结构方面的知识。读者对文本体裁的了解程度影响着自身对文本内容的理解程度。这是因为特定的内容总是需要特定的结构才能有效地表达。只有注意对文本体裁和结构进行分析，系统了解各种体裁文本的结构和特点，读者才能形成运用文本结构去厘清段落间的逻辑关系的能力和概括全文含义的能力。现实生活中学生接触到的文本往往有议论文、说明文、记叙文和描写文、诗歌、散文、戏剧、传记和报告等。这些不同体裁的文本无一不有其独特的结构和对读者不同的阅读要求。读者如果不清楚文本的体裁和结构，就会对其阅读速度和准确理解文本产生很大的影响。阅读理解实质上是结合适当的图式填充新信息而使图式具体化的过程，填充的内容可以是理解的或推断出的新信息。阅读是读者的知识经验和信息处理策略相互作用的过程，在阅读过程中，起决定作用的不是语言载体本身，而是读者本人。读者掌握的读物的内容及修饰结构等方面的知识越多，其理解的程度就越深。根据安德森（Andlerson）在1983年所做的实验，图式在阅读理解中具有如下作用：①为同化新信息提供信息框架；②便于选择、注意和记忆重要的信息；③有利于读者推导未明确表达的信息；④使读者便于记忆和回忆。可见，阅读过程是读者根据自己的文化背景知识去了解文字符号所表达的内容的过程。影响外语阅读的因素既有语言方面的因素，也有非语言方面的因素。语言因素主要指语言水平，非语言因素主要指与阅读相关的背景知识和阅读策略。根据这个理论，阅读是一个读者被激活的相关图式与阅读材料之间双向交流的过程。

第三节 高校英语阅读教学与任务型教学法创新实践

一、任务型教学法

（一）任务型教学的定义

对于"任务型教学"（task-based teaching），不少国内外学者对其发表过看法。例如，国外学者布朗认为任务型教学是将任务看作教学法的中心，而学习过程就是与课程目标相联系并且服务于课程目标的任务。因此，布朗觉得任务型教学就是教师通过指导学生在课堂上完成任务而进行的教学活动。中国教育科学研究院研究员龚亚夫以及北京师范大学英文系教授罗少茜认为，开展"任务型教学"过程中教师所安排的任务要有意义、有目的，而不仅仅是进行语言的机械操练。[①]

从以上国内外不同学者对"任务型教学"的定义可以看出，"任务型教学"需要高校英语教师根据学习内容设计各种"任务"，以完成"任务"为目的来组织英语教学。这些"任务"来源于学生的日常生活，可以将学生的英语学习与实际生活相结合。"任务型教学"主要强调学生是主体，侧重让学生在完成"任务"的过程中学习，提高学生的英语技能以及应用英语的能力，是一种强调在"做中学"的教学方法。

---

① 罗少茜，龚亚夫.外语教学研究中的知识、能力与运用能力 [J].课程·教材·教法，2005（6）：39-44.

（二）任务型教学的设计原则

为设计好任务型教学的"任务"，教师应当充分考虑以下五点因素：①学生的英语基础以及生活经历；②怎样激励学生学习英语知识以及在生活中运用英语知识；③如何让学生在互动交流中愉快地吸收英语知识；④如何对学生的学习进行指导以及促进学生之间的合作交流。基于上述因素，高校英语课堂的任务型教学设计还应遵循如下原则。

1. 形式与功能相结合的原则

语言形式指的是语音、语法、词汇等语言的结构体系。语言功能是指人们在日常生活中用语言来完成交际任务，用语言来表达情感或传递信息等。任务型教学的目的是让学生用英语进行交际，强调语言的意义与功能。教师运用任务型教学法使学生学习了语言形式后，要促进其对英语的实际运用，使学生明白英语的功能。学生在完成语言知识的积累后，就能提高交际技能。

2. 扶助性原则

扶助性原则也称为脚手架原则，包含两层意思："扶"是从教师的角度来说的，是教师对学生的学习给予帮助与指导；"助"是从学生的角度来说的，是学生之间的互帮互助、相互支持。

布鲁纳（Bruner）认为，教师在进行语言教学时，应给予学生帮助和指导，使学生在语言学习过程中攻克难关，体会成功，感受乐趣。[1] 埃利斯认为，"扶助"涉及两个方面：一是认知需求；二是情感状态。[2] 从认知角度看，教师要善于启发学生，使学生头脑中已有的知识体系和语言信息得以激活，同时给予学生帮助，使得语言学习任务顺利完成。

---

① 布鲁纳.布鲁纳教育文化观[M].宋文里,黄小鹏,译.北京：首都师范大学出版社，2011：96.

② 埃利斯.心理学大师埃利斯经典作品集：理性情绪[M].李巍,张丽,译.北京：机械工业出版社，2015：46.

从情感角度看，影响教学效果的因素涉及师生间、生生间相互协助完成任务时的兴奋感和兴趣度，以及出现问题时对挫败感的控制。

3. 真实性原则

教师在英语课堂中运用任务型教学应遵循真实性原则：一是教师要尽可能在教材中提供接近真实的语言材料和语言信息，使学生在学习过程中体验到真实的交际感；二是任务型教学的英语课堂要尽可能与学生的真实生活情景相关，充分结合英语学习情景与实际生活开展教学。

需要注意的是，目前的高校英语教材中有部分学习内容与现实生活毫无关联，不可否认，其不符合实际需要，但这样的知识也是学生必须掌握的。学生不仅要接触现实生活中人们经常使用的交际语言，还要接触一些书面语。这样的学习内容是学生进行交际的必要条件之一，是进行交际活动的基础。学生掌握这些知识，有利于发展英语运用能力。

4. 体验性原则

在高校英语课堂教学中，教师对具体的语言知识的讲解必不可少，但要使学生完全掌握语言知识并不能全靠教师的讲解，学生仅靠死记硬背是无法习得任何语言的。教师应留出足够的课堂时间供学生消化所学的语言知识，使他们通过体验交际来感受语言的交际意义，明白语言的交际用途。

5. 互动性原则

互动性原则也就是意义磋商原则，要求学生在开展交流活动以及完成任务的过程中，通过相互提问、回答问题、询问他人的意思、对自己的想法进行解释等方式学习并掌握语言知识。

学生在互动交流时，输入和输出语言的机会明显增加，可使两者达到最佳状态。比如，学生为完成任务向同伴提问就是输出，同伴回答问题又增加了输入。值得注意的是，互动的作用并不仅仅是提高语言使用的频度和增加语言使用的机会，更重要的是在互动中，学生可以用不同的方法进行表达，增强语言使用技能和交际能力。

二、高校英语任务型阅读教学研究

（一）阅读前任务设计

阅读前阶段是阅读课的准备阶段，此阶段的目的是帮助学生激活头脑中的原有知识和激发学生的学习兴趣，从而达到导入课文的目的。教师可以在上课前布置与课文背景知识相关的任务，让学生通过完成任务的方式学习背景知识并预习课文内容。此外，教师需要帮助学生扫除语言障碍，引导学生学习生词和短语，对一些可通过上下文猜测词义的单词要向学生传授猜测词义的方法。

（二）阅读中任务设计

阅读中阶段是教师引导学生深入理解课文的阶段，处于阅读教学的核心地位。通过阅读前阶段的活动，学生对课文内容有了初步了解。在此基础上，教师通过设计教学任务，引导学生合作，相互交流，使学生在互动中理解文章内容，归纳中心思想，总结文章主旨大意，以培养学生的合作学习能力、自主学习能力。笔者根据阅读由浅入深的顺序，设计了两个环节来完成阅读学习任务。

1. 快速阅读

该环节要求学生在规定的时间内快速阅读课文，对阅读速度有很高的要求，并要求学生从整体上理解课文大意和作者的写作意图，把握文章的写作基调。这种阅读任务对培养学生快速阅读的能力以及迅速获取信息的能力有很大帮助。

2. 仔细阅读

仔细阅读是分析性地精读，要求学生慢慢阅读，从细节处理解文章，从而把握篇章结构、主旨大意、写作意图和情感态度。学生可按照自己的阅读习惯阅读，但要克服不良阅读习惯，如唇读、指读、回读等。阅读完之后，学生以小组合作的方式完成教师设计的任务，以锻炼阅读能力。

（三）阅读后任务设计

阅读后阶段是对课文内容进一步巩固和延伸的阶段，意在通过一系列的组内合作活动拓展学生的知识广度和深度，提高学生的口语表达能力以及自主学习能力，培养学生的创新精神和人文素养。

三、高校英语任务型阅读教学的优势

（一）增强学生的英语阅读兴趣和自信心

任务型教学强调以学生为中心，注重学生的阅读体验。课下，学生可根据自己的兴趣选择阅读文本，可根据自己的能力选择不同难度的阅读材料，从而充分体现自己的自主性，不断地积累知识。①

（二）学生的表达机会增多，课堂教学气氛活跃

任务型教学强调学生的主体地位，教师不再是课堂教学的主宰者，而是成了课堂教学的监督者和引导者；教师不再采用"满堂灌"的教学方式，而是留给学生更多的思考和交流时间，让学生通过讨论来分析问题和解决问题，并在全班同学面前表达自己的观点，使得课堂教学气氛活跃起来。

（三）增强学生的合作交流能力

任务型教学强调学生通过小组合作完成学习任务。教师会根据学生的兴趣、能力分配给小组成员不同的学习任务，每位同学完成自己的任务后，再向小组其他成员汇报自己的发现，使小组成员广泛交流与合作。

---

① 熊毓红.任务型教学法在大学英语阅读教学中的课堂实践[J].产业与科技论坛，2020，19（2）：155-156.

（四）增强学生运用英语知识的能力

任务型教学要求学生将学到的英语知识运用于现实生活，注重知识的实用性。任务型教学的任务并不单单与学习有关，其更注重将现实生活中的元素融入任务，使得学生在完成任务的过程中增强运用英语知识的能力。

（五）提高学生的自主学习能力

在高校英语阅读教学中，教师一般会布置各种各样的教学任务。这些任务需要学生通过与其他学生交流或查找资料找出答案。课下，教师会布置相关阅读任务，学生在独立完成任务的过程中，自主学习能力会大幅度提升。

第五章　高校英语写作教学

第五章　高校英语写作教学

第一节　高校英语写作教学的理论基础

一、写作的特殊性

写作作为语言的四项技能之一，实际上考察的是个人的综合能力，包括思维方式、知识积累等在内的方方面面的能力与水平。写作教学的目的与方法具体包括如下四方面内容。首先，从掌握难易度看，与写作相比，普通语言的学习和掌握更为简单，它只需要在日常生活中多表达就可以习得，大多是一种口语化的表达方式，而写作需要的是大量的阅读积累，并且写作更多运用的是书面语言，与口语化的表达方式相比，无论是思维方式，还是语言组织结构，都更加严谨、讲究。这些都需要学生经过专门训练，一步一步积累，并不能一蹴而就。其次，从语言的神经基础看，通过研究大脑的解剖结构以及神经网络的工作原理了解语言的形成过程，人们可以发现人脑皮质有着属于自己的独特皮质结构与功能分区，这些具有功能的脑分区可以称为中枢，这些中枢包括视觉中枢、听觉中枢、嗅觉中枢、书写中枢、听觉性语言中枢、躯体运动中枢、视觉性语言中枢、运动性语言中枢等。每个中枢有各自担负的"工作职能"，其中书写中枢负责写作方面的功能。再次，从写作过程看，写作自身具有一定的特点。听、说、读、写作为语言的四项技能，每项技能都有着各自独特的功能，按照一定方式进行划分，听与读属于输入型技能，说与写则属于输出型技能。其中，同属于输出型技能的说与写也存在某种程度上的差异：第一，口语表达较为迅速，而写作需要花费一定的时间；第二，口语表达容易受到时间与空间的限制，而书面表达不受此限制；第三，当口语表达的双方主体在同一时空下时，除了语言的输出之外，还可以配合肢体语言等进行表达，而写作仅能依靠书面语言的合理组织向外界传递信息；第四，从语言组织角度分析，"说"无须经过专业的语言加工，只要能够将自己想要表达的内容完整叙述出来，并让交流方能够明白即可，词语运用较为随意，语句组织较为松散，结构不够严谨等，而"写"对语言表达提出了详细的规范与要求，无论是语言的准确性、语法的正确性、句子结构的严谨性方面，还是通篇文章的合理性方面，都有着极为严格的标准，这就要求写作者能够拥有大量的时间进行修改与订正。最后，从教学角度出发研究写作的特殊性，通过研究教学目的、教学机制、教学心理以及教学结构与内容不难发现，写作的教学活动有别于其他英语技能的教学活动，学生不仅要学习写作概念、原理，还要进行大量实践，这样才能提升个人的写作能力与水平。与其他英语技能的学习相比，写作属于一种相对较高阶段的学习。

二、写作的过程

从表达主义角度分析，写作的本质是一种发现自我的创造性活动，是一个极具个性化的创作过程，个体在这个过程中可以充分表达自我，表达自己当下的心境以及所思所想，只要能够将内心感受清晰、完整、流畅地表达出来即可。从认知主义角度分析，写作本质上是一个问题解决的过程。这一理论对外语写作教学活动具有重要的意义与影响。但是从某些方面看，表达主义与认知主义具有一致性，即它们都认为写作是个体抒发内心情感的过程，这个过程包括写作结构的搭建、概念的阐述、修辞手法的运用、问题的提出、逻辑思辨的过程、问题解决的过程以及结论的得出过程等。从表达主义角度分析，写作的本质是一种创作活动，是个体充分发挥主观能动性的文字输出型活动，教师在写作教学过程中，应该尽量减少对学生的干预，多鼓励学生大胆抒发个人情感，同时运用一定的写作技巧，使得学生的表达具有一定的艺术性，既能抒发作者的思想感情，又可以给阅读者带来启迪和美的感受。从认知主义角度理解过程教学法，可以发现它较为关注学生的内心世界，尤其强调学生在写作过程中将自己的内心袒露出来，表达自己的真情实感，并鼓励学生积极运用认知策略与元认知策略，其具体的教学过程包括写作前的准备、草稿写作、修改草稿、与他人合作写作、反馈、反馈后的稿件修改以及定稿等。

从上述论述中不难看出，两者的共同点便是对写作过程尤为看重，而写作理论的形成就是建立在对语言机制、写作心理以及写作思维等的高度概括与总结的基础之上的。通俗地说，写作的过程是一个脑力激荡的过程，在这个过程中，创作者需要思考写作目的、写作对象、写作方式以及如何开篇等方面的问题。而从写作教学视角出发，写作的过程就是一个交际过程，是一个不断自我发现、深度挖掘，以语言文字为载体将作者的思想感情表达出来的过程。

写作搭建起创作者与阅读者之间沟通的桥梁，创作者思想转换为文字的过程和阅读者接收信息进行信息处理的过程可以看作相对复杂的信息传播过程。文字创作者结合自身经历和积累的相关领域知识，为了达到某种特定的写作目的而展开创作活动。由于写作终究属于一种信息传播活动，因此从传播学角度看，传播过程不仅包括创作者、创作文本、创作环境，还包括其他环节与因素。因此，文字创作者在进行文字创作活动之前应当充分考虑多方面的因素，不能仅从自身考虑，还要关注阅读者及其阅读反馈等。总而言之，写作的过程涉及两个关键因素：一是创作时间，创作者需要充足的创作时间进行写作构思；二是反馈信息，创作者应该积极从读者那里获取信息反馈，从而对稿件进行修改与完善。

要想让自己表达的思想情感完美呈现出来，创作者在进行写作之前必须搜集大量的相关资料，通过对资料进行深入分析，从中找到真正适合的信息资源加以利用，最终将信息的核心部分提炼出来。这也是一个不断同化信息资源的过程，即将搜集来的信息与自己想要传达的信息进行匹配与重构，使之成为一种全新的思想并表达出来。总之，写作过程就是一个由分散到集中、由模糊到清晰、由肤浅到深刻的创作过程。

写作的过程就是一个将思想转换成为书面语言的过程。这个过程并不是一个简单的过程，而是一个需要反复斟酌、反复修改，直至臻于完善的过程。在这个过程中，创作者不仅要拥有缜密的逻辑思维、扎实的文字语言功底，还应当不断提高自身的文化修养等。另外，写作同言语交际一样，需要考虑可能性、可行性、得体性和发生性。这要求创作者在写作过程中，不仅要注意词语的准确性、语法的正确性，还要灵活运用各种修辞手法，使文章变得妙趣横生、引人入胜。当然，除了上述具体要求之外，文章的谋篇布局也很重要，如果结构框架本身存在问题，即使再流畅的文字表达以及再华丽的辞藻也无法补救。

三、母语与外语写作

研究母语与外语写作之间的相互关系，不仅需要从写作语言本身去看待写作，还要研究语言的思维方式与写作之间的关系。

外语的学习一直深受母语学习的影响，这一点自始至终都是研究学者关注的焦点，不同理论学派站在各自的立场持有相近或相反的观点。从母语在外语写作中产生的影响这一角度展开分析，笔者可以得出三种结论。其一，借鉴母语的修辞风格对外语写作问题展开解释，通过对比发现，母语文化以及母语的思维方式对外语学习产生了一定的负迁移。

因此，创作者在进行写作的过程中要尽量使自己不受母语思维的影响。其二，从创造性的理论构建视角出发分析母语对外语写作的影响，通常认为，母语会对个体学习外语产生一定的制约与负面影响，但是当母语不相同的个体学习外语时，母语的不同使得他们的写作过程存在一定的相似性，这时可以基本忽略母语对外语学习的负面影响。其三，从写作共性的角度分析，无论是母语写作，还是外语写作，其本质上都具有文字输出性质，都需要学习者具备一定的写作技巧与写作水平。从某种程度上说，二者具备一定的相通性。因此，母语对外语学习可以产生一定的正迁移，当创作者具有较高的母语写作水平时，其外语写作水平也较高。

通过研究外语学习的过程不难发现，母语思维对学习者学习新语言或多或少会产生一定的影响。由于在母语学习中学习者的思维定式已经形成，学习者在学习的过程中不自觉地会按照以往的思维去理解与运用新的知识，从而会对新知识的学习造成一定程度的负面影响，不利于全新语种的学习与掌握。当然，任何事物都有其两面性，较高的母语写作水平有助于外语写作水平的提高。举例说明，在写同一题材的作文时，如果学生的母语写作在语言组织和文章整体框架的搭建方面都具有较高的水平，那么此类母语写作思维显然会在学生外语写作中对外语文章的结构、内容、细节等产生一定的影响。

四、心理活动对英语写作的影响

一般来说，英文写作能力的提升与多方面因素有关，其中心理因素是最为关键的，尤其在英语写作教学中，其影响力更为突出。心理因素对英文写作能力的影响具体体现在如下四个方面。

（一）从视觉到运动觉

要研究心理活动对英语写作的影响，必须先从人体获取信息的根本途径讲起，即视觉信息获取到运动输出的过程。一般来说，人类要想获取信息，首选的渠道便是视觉渠道。学生通过阅读英语范文了解文章整体结构、相关语法规则的运用等方面的信息，从而做到心中有数。学生先是按照范文进行模仿写作，随着自身英语水平的不断提高，慢慢摆脱对范文的依赖，形成自己的英文写作思维模式。从生理结构方面进行分析，人脑构造较为复杂，不同的大脑皮质层有着不同的功能分区。这些功能分区称为中枢，这些中枢分别掌管着人们不同的生理功能，如人们通过视觉中枢进行范文信息的采集工作，然后在大脑中进行信息加工，由大脑的躯体运动中枢支配人体的运动神经，将加工后的信息通过手部运动以书面文字的形式呈现出来。虽然它最终是借助手部运动输出信息的，但是其源头还是视觉。

这里需要强调的是，写作不是信息的随意输出，它需要满足文章结构合理、词语运用准确以及语言表达流畅等要求，并且书写要整洁、美观。这就对英语教师提出了更高的要求，尤其要求其在范文的书写方面起到良好的示范作用，便于学生模仿与学习。除此之外，教师还应当在教学过程中引导学生调动多种感官理解与记忆所学知识，从而促进学生英语写作水平的提高。

（二）写作技巧动型化

写作技巧动型化这种说法对大多数人而言是很陌生的，用通俗点的方式来说，即要求学生在英语写作过程中保持写作的连贯性，将大脑中的信息持续不断地向外输出，可以说是一种英语写作技巧娴熟的具体表现。学生要想实现写作技巧动型化，不仅需要积累大量的英语单词，还需要具备灵活运用语法知识的能力等。只有这样，学生的英语写作水平才能不断提高。

教师应当对每位学生的学习进度有所了解，并针对其学习中遇到的问题，及时给予其解答与帮助，借由不同的方式引导学生掌握正确的学习方法，激发他们的英语写作兴趣，从而帮助他们在较短时间内掌握英语写作的技巧，提升英语写作能力。

（三）联想型的构思能力

联想型的构思能力在影响写作的心理因素中占据核心位置，原因是这一能力的构建需要多方因素的参与，包括层次、因果、空间、时间以及种属方面。从语言学的视角出发，学生的思维能力只有借助语言才能形成。在英语写作过程中，联想思维同样需要借助语言这一工具来形成，语言在英语学习过程中充当着工具的角色，可以说，语言学习的过程就是思维工具得以使用的过程。而英语作为一种语言，在学习过程中被视为交际工具，学生需要积极发挥自身想象力与联想能力，培养自己的发散思维能力，由一个单词联想到与之相关的其他单词，如由一个单词联想到它的反义词、近义词、同音词等，最终将它们串联起来。学生要注意的是它们之间的区别与共同点，以便准确记忆与理解知识。

通过上面详细的描述不难看出，联想型思维方式可以帮助学生大幅度提升其英语写作能力，学生如果在写作过程中适当地发挥其想象力与联想力，可以使文章的段落衔接与文章结构布局更加合理。因此，教师在培养学生英语写作能力时，既要教给学生英语词汇、语法等相关知识，还要培养学生联想型的构思能力，帮助其快速掌握英语学习的重点与难点。

（四）演进式的表达技能

联想型构思能力需要通过演进式的表达技能得以体现，学生在学习的过程中通过自身的联想与想象对所学知识进行加工，从而在大脑中构成一个完整的知识体系，再通过回忆对体系中的知识点进行巩固并做到融会贯通，最终达到活学活用的目的。这样的表达技能可以有效地提高学生的写作效率，并且使其文章布局更加合理与科学，词语运用更加准确，语言表达更加流畅。这种表达技能的运用可以提高学生的学习能力，对其而言具有十分重要的意义。

第二节 高校英语写作教学方法

一、延续性教学法

延续性教学法强调教学的连贯性和持久性，能帮助学生在整个学习过程中建立连贯的知识体系，更好地掌握和运用英语写作的知识和技能。首先，教师在教学过程中要积极引导，通过各种教学活动，如讲解、示范和讨论，帮助学生建立全面深入的英语写作知识体系。其次，教师要提供充足的实践机会，如写作作业、课堂练习和项目任务，让学生在写作中熟练运用英语写作知识和技巧，进而提高英语写作能力。最后，在教学过程中，教师要不断跟踪学生的学习进度，通过检查学生的作业，提供及时的反馈和建议，帮助学生找出英语写作中的问题，并指导他们改进。通过持续的实践和反馈，学生能发现并解决英语写作中的问题，从而提高英语写作能力。

二、平行写作教学法

平行写作教学法是一种引导式的教学方法，具体来说，就是教师给学生挑选一篇与教学内容相匹配的示范性文章，通过分析文章的构思，引导学生结合自己的作文题材发散思维，找到适合的角度切入，从而正式进入写作的具体流程。这样，不仅有助于学生对文章框架的搭建，也避免了学生在写作过程中出现跑题的现象。

三、网络辅助写作教学法

随着科学技术的不断发展，人们获取信息的途径变得日益多样化，尤其是互联网的出现，使得当代众多学生可以不受时间与空间的限制，随时随地获取新知识，包括日常生活小妙招、与课堂教学内容相关的知识等。在英语写作方面，当代学生群体也通过网络获得了不少帮助。通过网络视频的方式，学生可以轻松地与外国人进行交流与沟通，从而学到更加地道的英语，尤其是口语表达方面。这也能潜移默化地激发学生学习英语的兴趣，最大限度地调动学生学习英语的主观能动性，进而帮助其巩固所学的知识，提高其英语写作与表达的能力。

网络辅助写作教学法需要学生进行自主学习，具体来说，教师提供一个英语写作题目，然后就这个题目对学生进行指导，即指导学生选择恰当的资料，以合理的方式将资料应用于英语写作中，学会通过网络搜集自己需要的信息与内容，然后将搜集到的信息进行归类、分析以及应用，以充分发挥资料的价值。在这个过程中，学生会不知不觉地形成自主学习能力，知道在今后的学习中应该如何去学。教师在此过程中不宜过多干预，而应当引导与监督学生，从而发挥一定的辅助作用。

第三节　高校英语写作教学与 PBL 的创新实践

一、PBL 简介

PBL（problem-based learning）的意思是基于问题的学习，最早源于 20 世纪 50 年代末美国亚拉巴马大学（the University of Alabama）的医学课程项目。从 20 世纪 60 年代起，PBL 在医学院校中被推广，以加拿大麦克马斯特大学（McMaster University）医学院为代表。该校学生能熟练掌握课本知识，但操作能力较弱。这一矛盾集中体现在毕业生身上，巴罗斯（Barrows）教授质疑医学院的教学模式，认为传统教学模式培养下的医学生缺乏运用知识解决实际问题的能力，无法满足未来的工作需求。为了避免课堂知识与未来工作需求的脱节，1966年医学院做出改革，把学生分成小组，配备导师，让每个小组的成员接触病人，进行问诊、记录、资料查找、会诊交流，最后诊断并开出处方。意想不到的效果出现了：依托真实情景案例，学生积极地投入真实问题的探索解决中，自主查找资料、广泛交流，求知热情被激起。解决问题的过程成为学生主动建构临床经验的过程。PBL有效地帮助学生实现了学校知识和临床实践的结合，使学生做到了学以致用。而医学院教学模式的改革成功标志着PBL的诞生。

20世纪70年代，PBL被北美各地医学院广泛采用，20世纪90年代在英国医学院校及全球更多地区开始流行。美国斯坦福大学教育学教授布里奇斯（Bridges）和海林杰（Hallinger）看到了PBL的学习效果，在校长培训中运用PBL，从此将PBL引入了教育领域。与此同时，PBL逐步开始同其他学科结合，在法学、经济学、建筑学、机械力学、管理学等学科中广泛应用，成为培养学生解决实际问题能力的重要方法。

巴罗斯把PBL定义为基于问题的学习。学习过程始于问题，而不是从定理、模式、基本概念或其他信息开始。学习和解决问题的过程都是以问题为起点、以问题为核心的。巴罗斯认为，这里的问题是针对学生而言的，是他们依靠现有知识无法解答的问题。一个有效的问题应该是不良结构的问题。而不良结构的问题应该以真实性为特点，它是复杂的、无序的。它信息不全，需要学生提出观点，甚至假设。它没有固定答案，有时可能需要重复进行假设、推理，才能找到满意的解决方法。它能激起学生的求知欲望，要求学生通过调查、研究、整理以及综合分析来制订解决方案。

巴雷特（Barrett）认为，PBL中的问题不一定是一个现实的需要解决的问题，它对不同的人而言，可以是不同的挑战，如弄懂某个领域的某样事物。对于学生而言，这个问题可能以剧本、字谜、对话、邮件、海报、诗歌、录像等形式呈现。PBL 中问题的特点之一是它不是一个疑问，不是学生先接受讲座等形式的知识输入，然后用这些知识去解决在接下来学习中遇到的问题，而是学生在学习开始时就要面对的问题。就好像做蛋糕，如果配方、配料都已经准备好了，那做个蛋糕只是在完成"做"这个动作，解决的是"做出蛋糕"这个问题。PBL 的问题是在没有提供配方、配料的前提下，做出一个蛋糕。因此，为达到做蛋糕的目的，首先要考虑如何解决配方的问题，其次是解决配料等问题，最后是解决具体操作问题。厘清思路，做好蛋糕后，人们发现在这个过程学到了更多和蛋糕相关的知识，也提高了操作技能。

从以上定义可以看出，PBL 关键在于问题。问题是学习的起点。学生从这个问题出发展开思考，确认自己已经知道的知识，并找出解决问题还需要掌握的知识。通过积极的反复思考，学生主动承担起求知的责任。在思考问题、整合知识的过程中，学生积累应用知识解决实际问题的经验，挖掘、拓展了与问题相关联的或隐含于问题背后的知识。PBL 既可以是学习方法，也可以是教学策略，其应用不仅培养了学生解决问题的能力，还促进了其批判性思维的形成和发展。

二、PBL 应用于高校英语写作教学的特点

PBL 是一种鼓励学习者运用批判性思维、问题解决技能去解决真实世界中存在的问题的教学方法，其应用于高校英语写作教学的特点如下。

（一）以学生为中心的自我导向学习

就字面而言，PBL 更侧重自我导向学习。它强调以学生为中心，学生必须自己承担英语写作学习的责任，了解自己已经知道什么，还需要知道什么，能用什么方式学习，提出问题，搜集资料，做出可能的解释

等，从而找到解决问题的有效对策。学生通过自我导向学习，在对问题进行讨论、分析、研究的过程中积累了英语写作知识，提高了英语写作能力。

（二）小组的学习方式

通常应用 PBL 最理想的人数是 5～9 位学生，这样每位学生可以充分地进行互动，取得良好的学习效果。PBL 要求通过组成小组、小组分工、小组讨论、小组报告（口头及书面报告）、小组成员互评及小组间评价的活动方式在小组中有效展开英语写作学习活动，提高小组成员的英语写作水平。

（三）以问题为焦点刺激学习

问题反映了学生在实际的学习中要面对的挑战，提供了英语写作学习的动机。学生在尝试解决问题的过程中会知道接下来应该学些什么。问题使得学生从学科角度展开思考、探究，有利于学生整合已掌握的英语写作知识，获得新的英语写作知识。为了使问题成为学生学习的原动力，问题最好是真实、复杂、模糊、开放且结构不良的问题。

（四）教师扮演促进者和引导者角色

指导 PBL 的教师被称为"辅导老师"，教师由讲解者变成了引导者。在教学中，教师是促进者，而不是传播者；是观察者，而不是行动者。

三、PBL 在高校英语写作教学中的作用

PBL 在高校英语写作教学中的作用如下。

（一）激发学习兴趣

PBL 是以学习者为中心，解决实际问题的有效学习方法和教学方法，其主要从以下四个方面激发学生的学习兴趣。

1.问题的内容吸引学生

PBL 的开放的、不良结构的问题与学生的日常生活、学习紧密相关，这些问题是学生在学习、生活中不可忽视或逃避的真实问题。学生可以设计英语写作问题，也可解决教师提出的英语写作问题。这些问题又激起了学生交流、表达、求真的欲望。[①]

2.解决问题的环境吸引学生

组建学习小组能够培养学生的责任感、荣誉感以及合作精神。面对复杂的、不良结构的真实问题，学生需要学习、思考，积极地为小组决策提供信息，共同完成小组任务。在分享、整合知识信息，做出决策的同时，小组成员相互了解，相互交流，相互鼓励，相互信赖，相互学习、帮助，形成了融洽的、和谐的、健康的人际关系，有利于小组成员更好地发挥个体的自主性，培养个体的社会性，使每个成员都乐于与人合作，善于与人合作。

3.解决问题的方式吸引学生

应用 PBL 的整个过程始终都对学生有很大的吸引力。脑力风暴、分工合作、多渠道获得信息、最终方案的确定等环节都让学生保持了新鲜感、热情和自主意识。因此，从遇到问题到解决问题，学生始终都积极参与，他们成了决策者，自己决定要研究什么问题，自己决定研究问题的方式和所用的资源，拥有了极大的自主性。

4.评价问题的方式吸引学生

PBL 的问题是开放的，而高校英语写作中的 PBL 问题都是与社会、生活相关的问题，学生对问题的最终解决以及呈现问题解决方法的形式都没有唯一、规定的标准，对学习结果的评价是多元的、弹性的、个性化的。教师不是唯一的评价者，任何学生都可以主动参与评价活动。这

---

① 张姝.高校英语写作教学模式创新研究[J].教育现代化，2020，7（51）：161-164.

种评价体系不仅为学生展示英语写作技能提供了机会，更为学生展示自身才华提供了舞台。教师对学生的评价以及学生之间、小组成员之间的评价都是基于学习、欣赏、感悟做出积极、正面的评价。正面评价不仅能让学生看到学习的新契机，更能让他们感受到成功的喜悦，形成较高的自我效能感。

（二）加大语言知识的输入

PBL 是建构主义的学习方法，借助开放的、现实的问题激发学生的学习动机，使学生自主学习。情境教学法是建构主义的主要教学方法，也是英语写作教学中常用的方法。它强调创设、模拟真实的场景，让学生练习写作。PBL 与情境教学法有相似之处，PBL 将学生置于现实的问题情境中，让其进行思考、学习。因此，PBL 能够更好地发挥学生的积极性、主动性。同时，在探究问题的过程中，学生通过大量查阅资料、小组讨论、交流、分享，其信息输入量大幅度增加，丰富了英语写作输入的资源。在采用 PBL 进行高校英语写作教学的过程中，教师要引导学生使用英语检索、查阅资料、整合信息、交流，这些环节增加了学生学习写作的机会，任何自主查阅的课内外信息、教师提供的参考资料、学生之间的讨论交流、成果展示都可以成为学生写作学习的新渠道、新资源，增强学生对写作的敏感性和进行写作输出的需求。

第六章 跨文化交际背景下高校英语教学探索

第六章　跨文化交际背景下高校英语教学探索

第一节　高校英语文化教学简述

当今世界各国的政治、经济以及文化交流离不开英语，它在全球范围内的交流活动中充当着关键的媒介。因此，在中国的高等教育中，英语成为一门必修的、有着重要地位的课程。

一、对文化的理解

一直以来，无数学者对文化开展了各式各样的研究，并得出一个结论，即文化通常是指一个民族的整体生活方式和它的价值系统。

《现代汉语词典》中对"文化"有详细的解释："①人类在社会历史发展过程中所创造的物质财富和精神财富的总和，特指精神财富，如文学、艺术、教育、科学等。②指运用文字的能力及一般知识：学习文化、文化水平。③考古学用语，指同一个历史时期的不依分布地点为转移的遗迹、遗物的综合体。"历史上第一个对"文化"做出明确定义的人是泰勒（Tylor），他被尊称为"人类学之父"，他在1871年提出："文化是人因身为社会成员而习得的复合整体，包括知识、信仰、艺术、道德、法律、风俗及所有性情和做法等，以及其他的能力和习惯。"

古迪纳夫（Goodenough）对文化有独到的见解，他认为文化并非只有一种含义,而是代表两种完全不同的东西。首先,文化可以代指"一个社群内的行为模式",即某一社群具备的独特的社会布局、物质布局以及遵循某种既定规则发生的一系列活动都属于文化。此时的文化代表可观察现象的范畴。其次,文化可以代指具有组织性特点的信仰体系和知识体系,某个民族围绕着这个体系形成了独特的知觉和经验,受其约束并做出决定。此时的文化代表观念的范畴。

基辛(Keesing)对文化也有自己的见解,他认为文化是一个理念体系,一种文化代表某个特定社会群体的行为特质。[①] 基辛认为文化代表三种不同的意义。第一种意义是文化是个复合体,每个人各自知道一些片段的文化符码,而一种文化就是这些片段符码的复合体。第二种意义是一种文化是个通则,没有哪两个人对一种文化的认识完全一样,当人们描述它们的相似之处时,就一个意义而言,是一种公因素,是一种通则。但一种文化不只是一个公因素,它是个人的复合文化知识的理想标准型。第三种意义是抽象概念,一些符码要素为文化中所有人共有,另一些符码要素则只有该文化中部分人共有,这就是所谓的次文化,次文化不是次等的,而是整个社群的分支群体的文化。

文化是人类生活的反映、活动的记录、历史的沉淀,是人们对生活的需要和要求、理想和愿望,是传承人类精神的载体。它包含一定的思想和理论,是人们对伦理、道德和秩序的认定与遵循,是人们生活、生存的方式、方法与准则。思想和理论是文化的核心、灵魂,没有思想和理论的文化是不存在的。任何一种文化都包含一种思想和理论、生存的方式和方法。

二、语言与文化的关系

《普通语言学教程》明确指出:"语言是一种表达思想的符号系统,

---

① 基辛.文化·社会·个人[M].甘华鸣,陈芳,甘黎明,译.沈阳:辽宁人民出版社,1988:65.

第六章　跨文化交际背景下高校英语教学探索

因此它能与书写系统、聋哑人的手势语、象征性的仪式、礼貌形式、军事信号等相类比，它不过是最重要的符号系统。"

从人们的认知出发，语言是一个包含多种成分的层级系统，大到长短句、整篇文章，小到词组、词以及字，甚至更小的语素、音位都包含其中。其实，它就是一个独特的符号。当然，语言也可以充当表达感情、传递信息、开拓思维、相互交流的工具。语言和文化之间存在十分紧密的联系。索绪尔（Saussure）就曾想通过寻找语言和一些独特的文化现象之间存在的某种关联来创建一门新的学科——符号学。人们通过这门学科可以研究各式各样的具有指示性的行为背后的共同特性，掌握它们背后的系统符号以及内在结构，从而找到符号在文化当中的运行方式。基于此，想要透彻理解一种文化，人们就需要深入研究、探索、理解文化内在的符号系统。当然，符号本身没有意义，但当其存在于文化中时，符号就具有了独特的意义。如今，无数的专家和学者对语言和文化之间的关系的看法有一定分歧，其中对于语言和广义文化之间的关系的看法分歧并不大，但对语言和狭义文化之间的关系的看法存在很大争议。每位学者都有自己的见解，主要有以下几种。

（1）语言与文化等同，民族语言就是本民族最核心的民族文化。持有此观点的学者有很多，如德国语言学家洪堡特（Humboldt）曾说过："一个民族的语言就是他们的精神，一个民族的精神就是他们的语言。"[1]

（2）语言并不等同于文化，它只是文化的一部分。持有此观点的学者也有很多，如雷金纳德（Reginald）曾说过："任何语言都是习得的行为方式的复杂体。"显然，语言其实只是文化现象的一种。当然，学者提出这个观点的理由十分充分，因为语言作为一种特殊的符号，可以帮

---

[1] 洪堡特.论人类语言结构的差异及其对人类精神发展的影响[M].纪念版.姚小平，译.北京：商务印书馆，2017：96.

助人们学习文化，可见语言具有工具属性，人类在不断熟悉和运用语言的过程中可以逐步了解、掌握文化知识。另外，语言是文化的一个组成部分，文化包括语言，而且文化需要运用语言来表述。换言之，语言对文化来讲具备两种性质：一是从属性质，即语言属于文化；二是媒介性质，即文化的传播需要语言充当传播媒介。基于此，语言和文化之间的关系是密不可分的。

（3）语言是文化的载体。文化想要实现广泛的传播和长久的传承必然要依靠语言，因为语言是传播文化的媒介。语言还是人类思想形成和表达的主要工具，人类需要借助语言才能表达自己的思想。语言还是一面镜子，能将不同时代、不同社会的文化很好地呈现出来。

（4）语言和文化之间是相互影响、相互制约的关系。语言不仅能传递文化，还能影响文化，反之亦然。人类学家马林诺夫斯基（Malinowski）指出，语言和其他类型的习俗的本质是相同的，都属于精神文化的组成部分，它们之间唯一的区别就是语言其实是人自身形成的习俗或习惯，而且学习语言其实就是学习文化。[①] 从另一个角度讲，文化不仅是语言的生存环境，还通过各种各样的方式渗透到语言形成和发展的各个角落。而语言不仅能反映自身，还能反映文化。语言在文化的形成和发展阶段发挥的作用是不可忽视的，而文化获得发展后还能丰富语言的内容，使其变得更加细腻。可见，语言与文化之间的关系是双向的影响制约关系，语言对文化有影响和制约，文化对语言也有影响和制约。

总而言之，语言和文化之间的关系十分紧密。语言是文化最重要的载体，语言可以记录一个民族独有的文化发展历程以及取得的成就。文化是一个群体或民族拥有的相同的生活方式以及行为模式，是该群体共

---

① 马林诺夫斯基.西太平洋上的航海者：美拉尼西亚新几内亚群岛土著人之事业及冒险活动的报告[M].弓秀英，译.北京：商务印书馆，2016：45.

享行为、情感、信仰以及思想的集合。语言最主要的功能是交际，文化影响人们的交际行为，两者之间的关系十分紧密。对文化来讲，语言是其形成和表达的重要工具；对语言来讲，无论是哪种运用方式都不能脱离文化的范畴实现单独存活。语言变丰富能推动文化的发展，文化发展也能丰富语言，任何一方都不能脱离对方独自存活，两者既相互依存又相互制约，这种复杂的关系在人类的交际活动中展现得淋漓尽致。

三、我国高校英语教育中的文化教学

（一）我国文化教学的发展过程

20世纪80年代之后，为满足我国对外交往的实际需求，我国从国外引进了多种和语言文化有关的学科，如语用学、社会语言学、跨文化交际学等，这些学科对我国的外语教育界产生了较大冲击，促使外语教育界的教学意识发生转变，开始重视将文化内容融入外语教学中。在这种情况下，大量的专家和学者开始对文化导入进行研究，钻研其途径、方法、原则和内容，并出版了各类图书，还积极开展实践活动。我国文化教学的发展经历了三个阶段。

（1）文化教学的兴起阶段。此阶段的时间范围大致是20世纪80年代初期到20世纪80年代后期。在此阶段，我国的外语教育界受到外来文化的冲击，逐渐意识到文化教学的重要性，开始深入探究文化和外语教学的内在联系。这个阶段最具代表性的事件是，许国璋于1980年在我国重要学术期刊《现代外语》的第四期上发表了一篇文章——《词汇的文化内涵与英语教学》，文章中明确指出我国的英语教学可以适当结合以英语为母语的国家的相关文化来进行。这代表我国的外语教育界已经开始研究文化和语言教学的内在关联，并开始将文化导入外语教学实践活动中，从而拉开了文化教学的序幕。

（2）文化教学的发展阶段。此阶段承接上一发展阶段，时间范围大致是20世纪80年代末到90年代末。在此阶段，外语教育界的研究核心是如何将文化内容系统地、科学地导入教学中，研究文化导入需要遵循哪些原则以及不同学科应该导入哪些文化内容。无数的专家和学者对在外语教学中导入文化的方法、原则以及内容进行了详尽、系统的研究，并不断拓展研究范围，从将文化导入课堂教学拓展到将文化导入教学大纲、教材等多个层面。

（3）文化教学的提高阶段。此阶段的时间范围大致是20世纪90年代末至今。在此阶段，外语教育界不但开始研究如何增强学生的文化意识，还加大了母语文化的导入比重，保证学生同时接受母语和目的语双重文化熏陶，并在对待两种文化时养成正确的态度。此时的高校开展英语教学已经从只导入目的语文化转变为同时导入母语文化和目的语文化，在培养学生文化意识的同时，让学生学会正确对待两种文化，进而提升学生对文化的理解能力。

（二）我国高校英语文化教学的重构

美国语言学家克拉姆契（Kramsch）曾经这样说："语言表述着、承载着、象征着文化现实，两者不可分。"[①]可见，语言和文化之间存在着紧密的联系，两者相互依存，这也意味着文化在英语教学中占据着重要地位。如今，教育家和语言学家大多赞同高校在开展英语教学时适当穿插目的语文化教学，因为所谓的外语教学其实就是一个学习和使用新语言的过程，也是学习和了解新文化的过程，加入文化教学能更好地帮助学生掌握目的语。另外，高校在开展英语教学的过程中要保证语言教学和文化教学双管齐下，同时注意将输出的中国文化和输入的目的语文化结合，使学生形成跨文化交际意识，增强跨文化交际能力，这样英语教学才能构建完整、系统、成熟的教学体系。需要注意的是，不能因为文化对教育很重要，就直接将其当作开展教学活动的起点和终点，而完全

---

① KRAMSCH C.语言教学的环境与文化[M].上海：上海外语教育出版社，1999：24.

忽略了语言教学本身的重要性。虽然文化对语言教学的作用是不容置疑的，但语言是文化的载体，没有语言承载，文化只能算是漂泊的浮萍。在语言教学中导入文化内容要有一定的前提，绝对不能本末倒置。因此，教师要在教学过程中正确处理语言教学和文化教学的关系，明确先后、主次。

第二节　高校英语教学中跨文化教育的内容和实施路径

一、英语词汇教学中的跨文化教育

英语语言是英语文化的具体体现，英语词汇则是英语语言的精华所在。在英语教学中，教师可适当对英语词汇蕴含的文化内涵进行阐释，从而实现跨文化教育。

（1）指示意义相同的词语在不同文化中产生的联想不一样或者截然相反。在不同文化和语言当中存在着一些指代颜色的词语，它们虽然译文相同，但文化内涵有巨大差别。比如，在中国，绿色意味着希望、新生以及春天，而在西方国家，它有着不成熟、稚嫩、无经验的含义。又如，在中国常见红色，人们经常会在过节、过年、嫁娶等时候使用，它代表着吉祥、如意、喜庆，甚至一些包含"红"字的词都带有顺利、成功、繁荣、兴旺之意，是一个富含积极向上意味的正面词语，而在西方国家，它代表气愤、恼怒，甚至拥有负面意义。

除了表示颜色的词语之外，月亮这一词语在中西方文化当中代表的含义也有很大差别。在中国，月亮是美丽的象征，是情感的寄托，有丰富的象征意义。在中国文化当中，首先和月亮产生关联的是美丽的神话故事，是美丽的嫦娥、勤劳的吴刚、活泼的玉兔以及繁茂的桂树；其次是数之不尽的咏月名篇，月亮被赋予了各式各样的寓意，它象征着与家人团聚、团圆，寄托着身处异乡的人对亲人的思念。但在英美文化当中，月亮的含义较为复杂，圆时月亮代表富足，月缺之时月亮代表毁灭、风暴和死亡。古罗马人甚至将月亮和人类精神联系在一起，认为月亮变化会引发人精神错乱，甚至将精神病的发生都归咎给月亮，英文中还将单词"lunatic""lunacy"和月亮勾连在一起。

指示意义相同的词语在不同文化中产生的联想不一样，所以交际者对这些词语要格外注意。教师在教学过程中对这些译文相同但内涵不同的词语一定要着重讲解，避免学生产生理解偏差。

（2）指示意义相同的词语，在一种语言中有丰富的联想意义，在另一种语言中却没有联想意义。比如，"竹"在中国文化当中常常象征人的品格高洁、坚贞、刚正不阿，而西方的"bamboo"只是代表植物竹子，没有其他含义。又如，数词"九"在中国文化当中九为极，代表最高、最多，如形容皇帝的"九五之尊"，而英语当中的"nine"只代表数字九，没有特殊的含义。

（3）由于各国的文化不同，每个国家都可能有不同于其他国家的词语，这就可能出现词语缺项现象。一般情况下，语言的词汇系统与一个地方的社会文化是一体的，无论在这个地方的历史当中存在过多少国家，无论这些国家是否已经灭亡，只要它曾出现过，留下过文化，就会在语言当中留下不可磨灭的痕迹。中国和英国在历史传统、宗教信仰、政治体制、价值取向、自然环境以及经济发展水平等方面都存在或多或少的差别，两国的文化都具备各自的特性，一种语言里的某种事物或概念可能在另一种语言里找不到跟它对应的词来表达，形成"真空"地带，这也是导致汉英文化当中存在词语内涵不对应现象的根本原因。比如，中国北方农村家家户户都在使用的"炕"其实是"床"，但在英语当中并不能直接翻译成"bed",因为英国人没有见过土质的床,他们只会将其翻译为"kang",并在后面增加一定的注释,即"a heatable brick bed"。与之类似的词语有很多,甚至有些词语在西方文化中根本不存在,如"阴阳""五行""天人合一"等,追根究底还是双方的文化、价值观念以及哲学思想存在区别。当然,英语当中的 time clock、hot dog、motel 等词语在汉语中也没有明确的对应的词语,甚至连近义词都不存在。

另外,还有一部分词语虽然可以被翻译为汉语,如 hippie、cowboy 等,但那些对西方文化不太了解的中国人在看到这些词语时根本无法将其和现实中的事物对应起来。因此,教师在课堂教学过程中必须先帮助学生了解中西方文化存在的区别,了解这些文化缺项词语的真实内涵,然后通过意译、直译或音译等方式将其转换为目的语,并添加详细的注释,避免学生因这些词语而出现交际障碍,从而帮助学生顺利地完成跨文化交际。

二、英语语法和篇章教学中的跨文化教育

(一)英语语法教学中的跨文化教育

无论何种语言在表达时都需要遵循一定的基本规律,这种规律其实就是语法,它明确规定了字如何组成词、词如何组成句、句如何组成文章。每一种语言都有自己的语法体系,学生在学习和使用新语言时要熟悉其语法系统和规则。英语作为一种形态语言,其语法关系主要通过自身的形态变化以及使用适当的虚词来表示,这与汉语的音节变化完全不同。英语是一种形合性的语言,汉语则是一种意合性的语言。因此,理解汉语和英语的方式是完全不同的,需要学生结合文化背景和语言环境来理解。以表述"他是我的一个朋友"为例,这个句子不能直接翻译成英语,因为直译只能译为"He's my a friend",这样与逻辑相悖,此时

需要考虑语言环境,这句话表述的是"他"与"我"之间的"朋友"关系,可使用双重所有格的方法,译为"He is a friend of mine"。这就是汉语和英语之间存在的区别,西方人更重视理性和逻辑,以形合;中国人更重视悟性和辩证,以意合。因此,教师在教学过程中要注意将汉语和英语之间存在的差异进行对比性讲解,这样不但能帮助学生掌握英语的相关知识,还能营造一种鲜活有趣的课堂氛围,激发学生的学习兴趣。

(二)英语篇章教学中的跨文化教育

教师在向学生讲解英语篇章时,需要尽可能多地讲述一些文章背后的故事,如作者的生平、文章创作的历史背景,还要在文章讲述中适当穿插讲述其他学科的知识,分析一些难以理解的句子。这样能开阔学生的视野,使他们亲身感知中西方文化存在的差异,能帮助他们更快地扫除阅读障碍。另外,高等教育出版社出版了一些包含不同题材和体裁英语文章的教材,如《实用英语》,其中的文章有利于学生了解西方文化,教师可指导学生学习和运用。这样,不仅能营造带有浓郁文化气息的学习氛围,还能使学生受到双重文化的熏陶。

此外,有些课文的内容本身就和西方文化有关,教师可在教学过程中加以补充和拓展,也可以将其中的内容和汉语文化相关内容进行对比,从而使学生系统地、全面地理解相关主题的文化。比如,课文内容是食品与健康,教师可拓展讲述一些中西方的餐桌礼仪以及西式快餐等方面的知识。当然,教师也可以挑选一些能明确展现中西方文化差异的文章,将其作为课外材料,发放给学生,帮助学生了解西方文化。

三、英语翻译和写作教学中的跨文化教育

(一)英语翻译教学中的跨文化教育

翻译的本质其实就是两种语言的转换,但翻译不是单纯的字、词、句之间的转换,而是两种文化之间进行的交流。因此,对两种文化之间

存在的差异不够了解是学生在翻译时遇到的首要困难,学生翻译不过关基本也是这个原因。因此,高校在开展英语翻译教学时可以适当增加介绍中西方文化的相关内容。

1. 地域和历史方面的文化差异对翻译的影响

地域文化指的是在某个地域范围内由于地理环境和自然条件形成的独特的文化,其不同主要表现在不同地域对同一事物或现象表述是不同的。比如,汉语用"雨后春笋"来形容新事物的蓬勃发展,英语却用"spring up like mushroom"来表示。从地理环境看,我国属于大陆型国家,人们生活和开展生产劳动的主要地方就是土地,所以,汉语中多数词语与"土"相关,如"土特产""土生土长"等;英语中没有这种概念,所以在翻译这类词语时会省略翻译"土"字。比如,中国有"三个臭皮匠,顶个诸葛亮"的说法,诸葛亮是我国历史上著名的谋士,一直被认为拥有无穷的智慧,但在西方文化当中根本不存在这个人,如果直译,人们自然无法理解他与"臭皮匠"之间的关系,所以直译不适合用于翻译那些拥有丰富文化内涵的语句,为保证原文内容的准确性可选择直译与增译相结合的方法。

2. 思维方式和价值观的差异对翻译的影响

对于生活在不同地域的人来讲,由于受到不同文化的熏陶,他们的思维方式会出现明显差别。以英语为母语的国家的人的思维是独特的、个体的,而中国人的思维是概括性的、综合性的、整体的。在语言的表达上,英语善于使用一些细腻且具体的词语,汉语则常常使用一些概括性的词语。以"说"为例,英语的"说"有"say""speak"等,而汉语的"说"一般不会单独出现,会在前面增加一些修饰词,如"嘟嘟囔囔地说""低声地说""语无伦次地说"等。显然,英语用词更直接、精准,汉语用词则更模糊,喜欢泛指。

(二）英语写作教学中的跨文化教育

对于篇章结构来讲，除了文化对其有影响外，思维模式对其也有很大的影响，英语和汉语的篇章结构与思维紧密相关。西方人的思维偏向个体，讲求线性的因果式思维，所以篇章结构清晰、层次分明，句法功能显而易见。中国人的思维偏向整体，一般为回旋思维，篇章中不会运用过多的连接词，所以结构相对松散，而且无法轻易看到其内在逻辑关系。英语篇章的组织和发展同样是直线型的，习惯开篇点题、直抒胸臆，然后用事实对主题加以说明，即以主题句为首，后衔接各种论证句，因此阅读英语文章时可以通过找出主题句来充分了解文章内容。汉语篇章的组织和发展是螺旋式的，一般不会直入主题，会先用一些书面语在主题周围绕圈子或从侧面对其进行论证，在铺垫一定内容后再进入主题，因此理解汉语文章要更困难一点。

第三节　基于跨文化交际的高校英语教学模式的构建

在过去的一个世纪里，各种各样的理论走向成熟，如语言学习理论、语言学理论等，各学科逐渐发展成熟，如教育学、人类学、社会学、心理学等，各种语言教学法流派逐个登上历史舞台，如人本派、功能派等，使外语教学和研究获得了巨大的进步。迄今为止，实现系统化的外语教学法已经超过 20 种，外语教学工作者有了更多的选择，但是这些教学法的核心都是语言知识和相关技能教学，对文化教学的重视程度远远不够。

第六章　跨文化交际背景下高校英语教学探索

一、文化因素在语言教学中的重要性

高校开展外语教学活动，需要培养学生对目的语的学习和运用能力、跨文化交际能力以及社会文化能力。而培养跨文化交际能力最关键的一点，也是首先要做的一点，就是转变学生对于母语和目的语文化的态度。文化与语言是对应的，它包含价值体系、风俗习惯、信仰以及意义，对学生学习和掌握语言的重要性不言而喻。21世纪初，人们就特别重视语言的交际属性，并常常将其放在"语境"当中，因为他们觉得语言只有在不同的语境当中才能表达它的意思，而且语言融于语境会受到语境中各种文化规则的约束，限定交际行为。在这种情况下，人们想要借助语言开展恰当、有效的交际，必须充分掌握文化规则和语言知识等。笔者并不赞同学生使用以"行为主义模式"为中心的方法来学习，因为在这种模式中，学习语言变成了模仿句型，语言也变成了描述某个事件的工具，变成了词和句子的组合。

在过去的20年当中，对语言和社会之间关系的研究的热度一直居高不下，促使外语教学的模式、手段、方法等都出现了一定的变化。但是，那些本质性的教学理念并没有受到丝毫影响，这些理念对外语教学的内容有决定性作用，导致文化教学收效甚微，对增强跨文化交际能力起到反向作用。语言并不是一种符号，而是文化的外在表现，只学语言规则，不学文化是无法掌握目的语的。因此，在开展外语教学时，增加文化教学是十分必要的。至于"文化"到底是什么，如何在教学过程中融入，仍需深入探究。

缺少文化因素的外语教学是不完整的。对于外语学习者来说，如果他们对以目的语为母语的人们的生活习惯或是国家状况一无所知，那么他们的语言学习就是毫无意义的。学习目的语文化的重要性随着语言学习者与外国文化越来越频繁的接触而逐步凸显出来，因为他们在跨文化交流中遇到障碍往往与语言的熟练程度无关，而与对文化的不了解有

关，其直接后果就是语用失误。如果说话者出现发音不准、用词不当、语法错误等语言问题，听话者一般都能谅解，甚至会对说话人敢于交谈的勇气表示钦佩。但如果说话者出现语用失误，听话者很难原谅。

如果说话者口语流利，用词丰富，语法正确，但出现语用失误，他很可能被听话者认为没礼貌、不友好。正如美国语言学家沃尔夫森（Wolfson）所说，在与外国人交往时，本族语者趋向容忍发音和句法方面的错误。相反，他们常常把违反讲话规则解释为态度不友好，因为他们不大能够意识到社会语言的相对性。由此可见，随着文化在语言习得中的重要性逐渐被肯定，语言教学研究者和语言教学工作者开始进一步探讨如何有效地在外语教学过程中渗透文化知识，于是就产生了"文化教学"这一概念。不同阶段的语言教学应与不同层次的文化教学有机地结合起来，从而建立一个相应的文化认知系统，以使学生的英语水平得到提高。

二、对文化教学与文化培训概念的理解

文化教学与文化培训是培养学生跨文化交际能力的两种模式。两者具有共性，它们都是跨文化交际学形成的土壤和研究的主要内容。但它们又有着差别。通过对跨文化交际理论的学习和对教学实践的研究可以发现，文化教学是伴随着语言教学进行的教学，能灵活且创造性地将语言教学与文化教学结合起来；文化培训则是一个短期的具有针对性的教学，其目标是培养出国人员或移民的跨文化交际能力，帮助他们在异国他乡与来自不同文化背景的人们友好相处。

（一）文化教学

文化教学可采取几种不同的形式：其一，在外语教学过程中开设文化课程；其二，将文化因素融入外语课程；其三，开展课外文化体验或实践活动。文化教学的对象主要是在校大学生，他们有机会参与各种形式的跨文化交流活动，如听外籍教师讲课，参加国际学术会议，短期或

第六章　跨文化交际背景下高校英语教学探索

长期出国学习，参加国际夏令营，去跨国公司实习，等等。文化教学致力增强语言学习者的跨文化意识和培养其跨文化交际能力。在外语课堂教学过程中，教师可采用专题讲座的形式传授那些在交际中直接或间接用到的目标语文化知识，也可把文化教学融入语言教学中，通过对两种文化的对比，使学生对文化差异有较高的敏感性，并能在两种文化间自如地进行切换，从而达到成功交际的目的。

传统意义上的文化教学是指教师讲授目的语国家的历史、地理、政府机构、文学艺术等背景知识。这些文化背景知识有助于跨文化交际的成功，但由于不直接在交际中使用，其又具有一定的局限性。自20世纪中叶以来，由于受到人类学和社会学的影响，外语教学研究者开始认识到了解目的语民族的风俗习惯、生活方式、思维方式、价值观念等文化因素对学习该民族的语言十分重要。国内外学者纷纷著书立说，阐明文化与语言的关系，研究如何选择文化教学的内容，如何将文化教学与语言教学有机结合起来等问题。在文化教学研究方面，国外学者各抒己见，提出了不少有价值的见解。例如，诺斯特兰德（Nordstrand）指出，文化教学的总目标是跨文化理解和跨文化交际。

通过教学实践和社会检验，高校英语教师普遍认识到文化教学不仅仅是讲授英美国家的文化现象或介绍一些文化事实，还要采用有效的教学模式，寓文化于英语教学之中，达到培养学生跨文化交际能力的目标。如果学生只是死记硬背一些文化事实，往往会使学生在跨文化交际过程中因循守旧、不擅长变通，因为文化不是一成不变的，只有让学生真正了解跨文化交际的原理，懂得跨文化交际的技巧，掌握英美文化和语言，才能达到自如地进行交际的境界，这才是文化教学真正要达到的目标。

鉴于文化概念的复杂性和文化内容的宽泛性，文化教学不可能涵盖所有的文化因素，所以国内外学者一般认为，在语言教学中增加文化教学内容或者渗透文化知识应该遵循四项原则：①实用性原则；②阶段性原则；③适度性原则；④科学性原则。由于外语教学的最终目的是培养学生的跨文化交际能力，文化教学必须贯穿语言教学的整个过程，所以在外语教学中教师要自始至终将语言与文化结合起来进行教学，即把语言形式置于社会语境中进行教学，让学生按照一定的语用原则操练或使用语言。这样的教学才能使语言知识富有生命力，使学生具备跨文化交际能力。那么，文化到底包括什么内容呢？从宏观上看，文化包括三个方面的内容：①观念文化，包括宗教、历史、哲学、文学、艺术、科学技术、价值观念等；②制度文化，包括社会制度、政治制度、法律制度、经济制度、风俗习惯、生活方式等；③物质文化，包括服装、饮食、建筑物、交通工具等。由于文化内容纷繁复杂，在实际的课堂教学过程中，教师有必要对文化内容进行适当的调整、归类，并将其与语言教学科学地结合起来。

（二）文化培训

文化培训是一项高度专业化的教学形式，其目标是培养出国人员或移民的跨文化交际能力，具体地说，就是帮助人们在异国他乡有效地工作，愉快地生活，与来自不同文化背景的人们友好相处。目前，文化培训以移民和旅居者为对象，这些群体参加跨文化培训的动机各不相同，因此培训的目标和方法也因人而异。总的来说，他们有两种动机：一种动机是完全认同移入地文化，这往往是移民进行文化调适，接受跨文化培训的动机；另一种动机是希望在保持本民族文化身份的同时，了解本民族文化与目的语文化的差异，获得跨文化交际能力，成为拥有双重文化身份的人。

三、跨文化交际背景下高校英语教学目的

（一）培养学生的跨文化交际认知能力

跨文化交际能力是成功进行跨文化交际所需要的能力，即与文化背

第六章 跨文化交际背景下高校英语教学探索

景不同的人们进行有效的、适宜的交际的能力。跨文化交际能力包括三个基本因素：认知因素、情感因素、行为因素。这里的认知因素是指跨文化意识，即人们在了解本国文化和外国文化的基础上形成的对周围事物、人物的认识和理解。情感因素是指跨文化交际过程中人们的情绪、态度和文化敏感度。行为因素指的是人们进行有效的、适宜的跨文化交际行为的各种能力和技能。比如，获取和运用语言信息的能力，如何开始交谈、在交谈中如何进行话轮转换以及如何结束交谈的技能，移情的能力，等等。

1. 文化认知能力

文化认知能力是指在了解母语和目的语双方文化的前提下所具备的跨文化思维能力。跨文化思维能力是指交际者在了解交际对象文化的思维习惯的基础上，能够进行跨文化的思维活动，是高层次的跨文化交际能力。在跨文化交际中，交际者既要了解自己所在文化体系的文化习俗、价值观念、思维模式和行为取向，又要了解目的语文化的对应知识，形成跨文化思维能力，以实现有效交际。

2. 交际认知能力

跨文化交际能力既包括对目的语交际模式和交际习惯的了解，也包括对目的语语言体系、交际规则和交际策略的掌握。高校英语教学的主要内容是语言，掌握语言知识和应用规则是其重要的教学目标之一。由于各文化体系中人们的价值取向不同，交际规则差别很大，交际的一方如果不了解另一方文化中的交际规则，即使正确使用目的语，也不能保证取得良好的交际结果。因此，外语学习者只有了解对方文化中的交际规则，学习其交际策略，才能顺利进行跨文化交际。

（二）培养学生的跨文化情感能力

《心理学大辞典》给情感下的定义是"人对客观事物是否满足自己的需求而产生的态度体验"。情感反映的是具有一定需要的主体与客观事物之间的关系，是对客观世界的一种特殊的反映形式，属于高级心理现象，能够影响认知层面的心理过程。情感、态度和动机能够影响人们对事物的认识方式和解决问题的方式。交际过程中的文化情感能力主要指交际者的移情能力和自我心理调适能力。

1. 移情能力

培养学生的移情能力是指培养学生克服民族中心主义的能力、换位思考能力等。作为文化群体中的一员，交际个体大多有民族中心主义的倾向，存在文化思维定式，以本民族文化为标准评价其他文化，对其他文化存在偏见和反感情绪。培养跨文化交际能力的课程体系能够加深学生对其他文化的了解，增强其跨文化交际意识，使其克服民族中心主义的负面影响。

2. 自我心理调适能力

在跨文化交际语境中，交际主体会因文化差异产生心理焦虑或感到心理压力，如文化休克。因此，培养学生的自我心理调适能力、对目的语文化中不确定因素的接受能力与保持自信和宽容的能力是重要的文化教学目标。

四、跨文化交际背景下高校英语教学模式的构建原则

《大学英语课程教学要求》对高校英语课程的性质和目标的定义如下："大学英语教学是高等教育的一个有机组成部分，大学英语课程是大学生的一门必修的基础课程。大学英语是以外语教学理论为指导，以英语语言知识与应用技能、跨文化交际和学习策略为主要内容，并集多种教学模式和教学手段为一体的教学体系。大学英语的教学目标是培养学生的英语综合应用能力，特别是听说能力，使他们在今后学习、工作和社会交往中能用英语有效地进行交际，同时增强其自主学习能力，提高综合文化素养，以适应我国社会发展和国际交流的需要。"高校英语课程不仅是一门语言基础知识课程，也是了解世界文化的素质教育课程。

因此，设计高校英语课程时，教师应充分考虑对学生文化素质的培养和对国际文化知识的传授。笔者通过对《大学英语课程教学要求》的深入理解，对跨文化交际理论的深入研究，以及对教育学和外语教学理论的深入探索，以跨文化交际能力培养为视角，对高校英语教学模式进行了科学构建。下面先谈谈跨文化交际背景下高校英语教学模式的构建过程中应遵循的原则。

（一）制定教学目标的原则

制定教学目标需要遵循的原则如下。

（1）既有总体目标，又有个性化目标。

（2）教师要通过需求分析确定本校个性化教学目标，满足学生需求。

（3）所有目标必须符合时代特点。

（4）培养掌握双语双文化的人才是确定总体目标和个性化目标的基础。

（二）确定语言教学内容的原则

确定语言教学内容需要遵循的原则如下。

（1）教师要以《大学英语课程教学要求》和需求分析为依据确定教学内容。

（2）语言教学内容应与文化教学内容相辅相成。

（3）教师在教学中要尽量选择有文化内涵的语言项目。

（4）内容典型，重点突出，不应增加学生的学习负担。

（三）确定文化教学内容的原则

确定文化教学内容需要遵循的原则如下。

（1）文化教学内容应与语言教学内容相辅相成。

（2）交际文化内容优先于知识文化内容。

（3）教师在教学中要选定典型文化差异内容，杜绝文化负迁移。

（4）教师在教学中要选定两种文化相通的内容，充分利用文化正迁移。

（5）教师在教学中要构建一个开放式的文化内容体系，鼓励学生接触不同的文化观点和价值观念。

（6）文化内容要有正确导向，帮助学生克服民族中心主义。

（7）文化教学既要包括语言技能和交际策略训练，又要包括学生人文素质培养。

（四）使用教材的原则

使用教材需要遵循的原则如下。

（1）高校要引进理念先进、语料真实的国外教材。

（2）高校要使用优秀的国内教材。

（3）高校要自行编写符合本校教学要求的教材。

（五）课堂语言教学的原则

课堂语言教学需要遵循的原则如下。

（1）教师要同时培养学生的听、说、读、写、译能力，促进学生全面发展。

（2）教师要在认知语言规则的基础上对学生进行口语训练，创造有意义的学习情景。

（3）课堂教学应以学生为中心，以教师为主导。

（4）营造活跃、轻松的课堂气氛，促进课堂互动。

（5）教师要让学生了解每一个课堂活动的目的，积极参与课堂活动，获得经验。

（6）教师要根据学生的个体差异，采取灵活的对策，引导学生积极参与活动。

（7）教师要充分利用网络、多媒体等高科技手段，使英语教学情景化和交际化。

（8）教师要综合运用言语交际活动的八种要素：情景，功能，意念，社会、性别、心理作用，语体，重音、语调，语法和词汇，语言辅助手段。

（9）教师在教学中要使用真实语篇，培养学生的交际能力。

（10）教师在教学中要运用目标语来训练学生的交际能力。

（六）课堂文化教学的原则

课堂文化教学需要遵循的原则如下。

（1）教师要在课堂设计中融入"合作式学习""研讨式学习"的教学理念。

（2）教师要设计丰富多彩的第二课堂文化实践与体验活动，为学生提供体验式学习的机会。

（3）教师要根据文化教学的特点、学生的学习风格、教学条件等，灵活运用教学方法。

五、跨文化交际背景下高校英语课程设置

高校英语教学以培养学生的跨文化交际能力为教学目的，根据这一教学目的，结合课程设计理论，高校英语形成了合理的课程体系。该体系由两个教学阶段的课程群构成：语言基础教学阶段课程体系、跨文化交际与应用阶段课程体系。

（一）语言基础教学阶段课程体系

高校英语基础课程属必修课程，共计6学分。在高校英语基础教学阶段，教学突出语言基本技能的培养，实施高校英语分级教学、动态管理模式。在此，笔者将高校英语课程教学要求划分为"较高要求"和"更高要求"。新生在入学后，根据分类、分级的教学原则，自愿选择

起始修读的大学英语级别,学习期限为两个学期。为了达到上述要求,高校开设高校英语听说课程、读写译综合课程、视听说网络自主学习课程。

在教学中,教师采用"体验文化教学法",以文化主题为线索用英语授课,通过话题发言、示范演讲、案例教学、小组讨论、模拟真实的说话场景对话、角色扮演等教学手段激发学生的学习热情,鼓励学生积极参与;通过多媒体教学软件辅助教学,为学生介绍相关背景知识、补充新的词语,使学生将语言学习与文化理解有机结合起来,提升跨文化交际能力。教师还可以根据话题的需要,在教室一角摆放各种英文杂志供学生课间翻阅,在教室的墙壁上张贴大量与文化主题相关的图片、卡片、剪报、海报,努力营造口语环境,使学生在全英语的学习环境中、在轻松的文化氛围中进行语言能力的训练。

(二)跨文化交际与应用阶段课程体系

跨文化交际类课程与应用类课程属于选修课程,授课对象是完成了两个学期语言基础学习任务的学生。教学方式包括教师讲授、课堂讨论、学生陈述等。跨文化交际类课程以讲授英美文化和跨文化交际知识为主线,用英语授课,教学目的是提高学生的跨文化交际能力。英语应用类课程着重培养学生的语言应用能力,特别是与专业相关的英语知识的应用能力,并通过培养学生的跨文化交际能力,开阔学生的国际视野,提高其就业竞争力。本教学阶段开设的课程有20多种。跨文化交际类课程有英语演讲技巧、英语影视欣赏、英语诗歌欣赏、英国历史、圣经与希腊神话、西方文化概览、英美文学欣赏、中西文化对比、美国社会与文化、英语国家社会与文化等课程。英语应用类课程有戏剧与影视文学专业英语、哲学专业英语、法律专业英语等课程。高校一般使用国内的两部优秀教材:《大学英语跨文化交际教程》《跨文化交际视听说》。这两部教材参考了大量的国内外相关主题的教材和著作,构建了系统的跨文化交际理论，在开阔学生视野的同时，帮助学生深入了解了文化差异、跨文化冲突现象和跨文化交际策略。

六、跨文化交际背景下高校英语课堂教学活动的设计

高校英语文化教学离不开系统的教学策略的支持。笔者在阅读了国内外语言文化教学研究和跨文化交际研究的书籍后，引进了综合文化教学法，借鉴了陈申、胡文仲和高一虹、陈俊森、严明等学者的研究成果，整合了一套适合高校实际情况的基本文化教学策略，并设计了一系列的课堂教学活动。具体来说，课堂教学活动有如下几种。

（一）文化物品展示

在课堂上，教师可为学生展示外国文化物品，并通过所展示的文化物品介绍外国文化的特色。这一活动可以开阔学生视野，增加其文化知识，使其更好地体会文化差异。

（二）短文仿写练习

教师可设计一个改写介绍英国文化的英语短文的活动，要求主题保持一致。通过比较原文和改写文在文化和内容上的不同，学生可以很好地了解中英文化差异。

（三）地域文化介绍

教师把学生分为四组，让其分别代表美国、英国、加拿大和澳大利亚，并把关于四国文化的资料分发给各组学生学习。假设上述四国是学生的家乡，要求学生简要介绍家乡的文化特色。通过角色扮演，学生了解了四国文化的相同点和不同点，意识到了这四个以英语为母语的国家在很多方面存在差异。

（四）通过习语和谚语了解文化

教师系统讲解英语习语和谚语，解析隐含在其中的价值观念。

（五）凭记忆画图

教师展示一幅图画，要求学生观察 2 分钟后凭记忆画出图中内容；通过观察、讨论不同的学生所画图画的内容，教师引导学生得出结论：受个人文化背景的影响，人们感知世界的方式是不同的。

（六）感受个体空间距离

教师创设不同的语境，让学生以不同的交际身份与交际对象保持某种空间距离，了解不同文化对空间距离的要求。

（七）回忆最初的时刻

教师引导学生讲述其接触陌生环境最初时刻的感觉和想法，讨论不同态度和行为对人们适应和融入陌生环境与文化的影响，使学生明白交际者与陌生环境或陌生人的最初接触会直接影响到交际双方未来关系的发展。

（八）文化情景短剧

教师组织一些学生表演情景短剧，其他学生一边欣赏短剧表演，一边从文化角度理解和分析短剧中的情景。短剧表演完后，教师可以让学生讨论几个问题，如短剧中发生了什么事情，短剧中体现了哪些文化现象和冲突，等等。该活动可锻炼学生的观察能力，提高学生分析文化现象的能力。

（九）感知移情

学生阅读一篇由文化认知差异引发交际问题的短文，教师引导学生就其中的问题进行讨论，培养学生的移情能力，增强其跨文化交际意识。

（十）影片欣赏

教师让学生欣赏几段有关美国教育方面的影片，使他们了解美国教育体系的特点，并指导学生比较中美两国教育体制的差异。

七、跨文化交际背景下高校英语教学方法

跨文化交际背景下高校英语教学常采用三种方法：显性文化教学法、隐性文化教学法和综合文化教学法。

（一）显性文化教学法

显性文化教学法是相对独立于外语教学的、较为直接的和系统的、以知识为重心的一种教学方法。显性文化教学法的省时、高效是显而易见的。而且，这些相对独立于语言教学的自成体系的文化知识材料可以很方便地提供给学生，让学生可以随时自学。但显性文化教学法有两个缺陷：一是会使学生对异文化形成简单的理解和定型的观念，影响跨文化交际的有效进行；二是让学习者始终扮演着被动接受者的角色，导致他们缺乏文化探究的能力和学习策略。

（二）隐性文化教学法

隐性文化教学法是将外语教学与文化教学自然地融合在一起的一种教学方法。其优点在于课堂上开展的各种交际活动为学生提供了一个认识和感知异文化的机会。其缺点是，学生在语言学习的过程中自然习得的外国文化知识缺乏系统性。

（三）综合文化教学法

综合文化教学法是将培养学生的跨文化交际能力作为最终教学目标，结合显性文化教学法和隐性文化教学法各自的优势，兼顾文化知识的传授与跨文化意识和行为能力的培养的一种教学方法。

第七章　当代语境下高校英语教学创新

第一节　信息化时代高校英语教学创新

一、信息化时代对高校英语教学的新要求

信息化时代对高校英语教学提出了新的要求，即创新教学观念、构建多维互动教学环境、构建多元评价体系，以重塑信息化语境下的高校英语课堂生态。

(一)创新教学观念

计算机网络等现代信息技术大大推进了高校英语教学改革，使很多先进的教育理念得以应用到实践中。但是，由于各高校推进改革的力度不同、教育技术的使用程度不同、师资的专业背景不同、学生的教学期待不同等，很多高校在英语教学信息化改革过程中依然在不同程度上存在着一些问题。要想解决这些问题，高校需要尽快转变英语教学观念。

第一，变"以教师为中心"为"以学生为中心"。杜威（Dewey）、皮亚杰等人提出来的建构主义心理学认为，知识是个体在与环境交互的过程中逐渐建构的结果，因此知识不能由教师传授，而应由学生建构。就英语学习来说，英语不是教会的，而是学生学会的。学生是学习活动的主体，他们具有内在的潜能，也能够自主发展自己的潜能，因此学什

么、怎么学、以什么进度学等问题都应由学生自己决定，教师只能起辅助的作用。

第二，变"知识传授"为"能力培养"。学习不是结果，而是一种过程，知道怎样去学习要比学到了什么更加重要，所以在能力培养上，高校英语教学要以培养学生的创新能力和自主学习能力为目的，让学生懂得怎样去学习，让学生掌握学习策略和认知策略，让学生在获得知识的同时掌握学习的方法，使学生的能力得到充分发展，特别是坚持学习的能力以及创新的能力。

第三，变"控制性学习"为"开放性学习"。开放性学习实质上是将课堂权利向学生开放，由此带动学习观念的开放、学习时间和空间的开放、学习方式的开放、学习体会和感受的开放、学习决策过程的开放、学习环境的开放。开放性学习方式既有助于发展学生个性和提高学生学习的自主性，还有助于提高学生的学习兴趣，发掘学生多方面的潜能，增强学生与教师、同学、资源等之间的交互。

第四，变"统一性学习"为"个性化学习"。个性化学习主要强调两个方面：一是形成个性化的学习方法；二是发展学生自主学习的能力。这就要求教师设计个性化的培养体系和课程，通过具有个性化的教学方法来激励或者引导学生学习，使学生在学习活动中更有积极性，养成良好的学习态度和心态，并提高学习的自主性。当前比较流行的开放式课堂教学模式大大促进了学生独立性的培养。开放式的网络课堂可以使学生在同一时间里根据自己的意愿和个性化需求来制定适合自己的学习计划，无论在学习内容的选择还是学习进度的控制上，学生都可以根据自己的实际情况进行个性化的设计与调整，而不是只能以同一步调学习相同的知识。

第五，变"接受性学习"为"探究性学习"。接受性学习是掌握已存在的知识的一种学习方法，其在发现和探索精神的培养上有所欠缺，不能很好地培养学生的创新能力。探究性学习则更加注重发现学习、探索学习。实际上，人类天生就具备一定的探索精神，个体在探索过程中开始建构对自我、自然和人工环境的认识。与接受性学习相比，探究性学习更具实践性、自主性、开放性等特点，对于学生创新精神的培养更加有利。

（二）构建多维互动的教学环境

英语学习的过程实际上就是学生与教师和教学环境不断交往互动的过程。课堂交互应该是多维的，包括教师个体与学生个体、教师个体与学生群体、学生个体与学生个体、学生个体与学生群体、学生与环境、教师与环境等之间的交互。这种交互关系越复杂，课堂生态系统就越稳定，课堂教学效果就越好。所以，构建多维互动的教学环境就显得非常重要。

教学环境可以分成两种类型：一是课堂内部环境；二是课堂外部环境。多维互动教学环境的构建更加强调前者，也就是内部环境。在创建多维互动教学环境时，教师应最先考虑教室的布置，也就是物理环境。在现代高校英语教学中，少不了多媒体技术的助力，所以教室里要配置相关的多媒体教学设施，这样，教师在讲授一些用传统教学方法无法达到好的教学效果的内容时，就可以借助多媒体设备，进行多媒体教学，还可以通过访问互联网，对学生通过网络进行自主学习的情况及时进行查看，对学生遇到的一些问题及时进行解决。另外，教师在课堂教学中要努力打造建构型或师生共建型课堂生态，让学生在轻松自在的课堂氛围中学习，通过一些交互活动来建构知识。需要注意的是，教师对学生对座位的选择、学生在学习中的竞争和协作、自己取得的教学效果等都要重点关注，及时发现其中存在的一些问题，并及时解决问题。比如，如果发现学生上课总是选择教室后方的座位，教师就要鼓励学生往前面坐，以此来转变学生面对学习时的消极心态；如果教师发现自己安排的座位不利于当天知识的讲授，就可以根据需求进行合理的调整；假如教师发现自己选用的教学方法比较枯燥，就要及时去调整自己的教学安排，增强师生和生生之间的互动，使学习氛围活跃起来。课堂外部环境如果良好，也会对课堂生态因子的互动有更好的促进作用。在日常教学中，师生要共同努力，多沟通和交流，拉近彼此的距离，建立良好的师生关系，从而营造出适合建构知识和课堂交互的班风和学风，制定合理的规章制度，创设良好的课堂外部环境，形成良好的多维互动教学环境。

此外，师生信息技术素养的高低是决定基于信息化的高校英语教学成败的关键因素之一。如果作为课堂生态主体的教师和学生的信息技术素养不高，他们就很难和作为环境因子的现代信息技术形成良性交互。

（三）构建多元化评价体系

高校英语教学信息化改革已推进多年，然而现行的主流教育评价体系仍然存在不足之处，影响着评价的效果，所以构建多元化评价体系迫在眉睫。

首先，评价主体多元化。评价主体可以是多元化的，如教的主体——教师、学的主体——学生、教育管理的主体——管理者，他们作为交互主体，可以互相评价。比如，教师可以对学生或学生群体进行评价，也可以对管理者进行评价；学生可以对教师或教师群体进行评价，也可以对管理者进行评价；管理者可以对教师或学生进行评价。这些主体除了互评之外，同类主体间还可以进行评价，也就是说教师与教师之间、学生与学生之间、管理者与管理者之间可以进行评价。这些主体间的评价不是单向的，而是双向的；不是操纵的，而是协商的；不是孤立的，而是合作的。他们互相尊重、互相理解、相互合作、平等对话，并客观地对彼此进行评价，保证了评价信息的可靠性，有助于促进交往主体在共同的学习交往中共存与发展。

其次，评价内容多元化。教学评价是以教学目标为依据，运用可操作的科学手段，通过系统地收集有关教学的信息，对教学活动的过程和结果做出价值判断，并为被评价者的自我完善和有关部门的科学决策提供依据的过程。因此，只要有助于教学的优化，评价内容可以涉及教学的方方面面。

再次，评价形式多元化。教师必须针对不同的评价目的，选择合适的评价形式。如果是纸笔测试，那么主要有潜能测试、智力测试、水平测试、分级测试、诊断测试、学业测试等。如果是为了了解学生的现有水平，教师就应该选择水平测试；如果是判断学生潜在的学习能力，教师就应该选择潜能测试；如果是为了了解学生的学习成效，教师就应该选择学业测试；如果是为了寻求对教与学的修正，教师就应该采用诊断性测试；等等。

最后，评价方式和手段多元化。传统的考试不应该成为评价的唯一方式，现在还可以根据评价目的、评价形式，选择面试、师生座谈、问卷调查、课堂观察、学习档案评估、自主评价、同伴/同行互评、专家评价等方式进行评价，以实现评价方式多元化。评价的手段也要多元化，除了传统的评价手段外，还可以采用网络评价手段。将现代教育技术运用于网络评价系统的开发就非常合适，这必将是未来教育评价发展的方向。

总之，信息化技术的发展促进了高校英语教学进一步改革和发展。在此过程中，高校英语教学也出现了一些失衡的情况。信息化时代，高校只有创新教学观念，构建多维互动的教学环境，建立多元评价体系，并提高学生和教师的信息技术水平，才能改善教学失衡的情况。

二、信息技术与高校英语课程的整合

（一）信息技术与高校英语课程整合的目标

信息技术和高校英语课程的整合并不是简单地将信息技术当成课程

教学的辅助工具，而是要通过信息技术营造良好的教学环境和氛围。这个环境可以满足多种教学和学习需求，如情景创设、资源共享、自主探究等，也就是说，教师借助这个环境能够顺利开展以教师为主导、以学生为主体的教学，从而使学生在学习过程中充分发挥自己的学习主动性和创造性，从根本上改变以往的以教师为中心的教学模式，促进学生实践能力和创新精神的提升。这是素质教育的教育目标。

西方的一些发达国家已经开始把信息技术和课程整合当成培养21世纪创新型人才的重要举措。要培养21世纪的创新型人才，重要的是培养其合作精神和创新精神。将信息技术和课程整合在一起对创新型人才的培养有非常重要的意义，而将两者进行整合的最终目标也恰恰是培养出一批又一批的创新型人才。这不仅是我国素质教育的目标，也是世界上进行教育改革的国家的目标。

（二）信息技术与高校英语课程整合的思路与方法

1. 信息技术与高校英语课程整合的思路

信息技术与高校英语课程整合的思路具体如下。

（1）更新教学文化观念。教学文化在长期的实践与发展中已经变得非常成熟，其包括多个方面的内容，如教学思维、教学观念、教学行为等。要想在高校英语教学中培养学生的创新思维，教师就要打破以往的教学传统，转变教学观念和教学思路，改变教学行为，从而打造出新的教学文化。

第一，打破教师在课堂中的绝对权威性，建立平等、和谐的师生关系。教师不是单方面向学生传授知识的机器，而应该通过参与、组织、评价等多种手段带领学生进行自主学习。学生在课堂中占主体地位，不是接受知识的机器，而应该在教师的引导和带领下积极主动地对知识进行学习。

第二，要打破知识的权威，打造思辨的教学环境。英语教学绝不是

第七章　当代语境下高校英语教学创新

简单地让学生掌握语言方面的知识与技能，还要让学生提升思维能力，敢于质疑，使学生具备对所学知识的真伪以及价值进行判断的能力，从而使学生的思辨精神与探究精神得到提升。

（2）培养教师的创造性思维。创造性思维是通过新技术或新方法对问题进行处理、解决的一种思维方式，是思维的高级形式。在信息技术背景下，教师应具备创造性思维。这样，教师才能充分利用网络资源和网络技术进行教育科研、教育创新，设计出个性化的教学模式与方法，从而提升教学效率，提高学生的创新能力与意识。

（3）增加新的评价内容。学习评价是指对学生学习活动过程和结果的评价，具有诊断、反馈、调节、激励和导向功能，在学生学习过程中起着重要作用。传统的学习目标和评价策略导致学生的聚合思维和发散思维的发展失衡、批判思维缺失，抑制了学生的个性发展，打击了学生的自信心，也降低了学生学习英语的热情。为了改善这一现状，培养学生的创新思维，英语学习评价要增加新的内容，完善学习评价策略。例如，教师可以通过改进原有的评价方式和评价手段，有效促进学生的个性化发展，将乐于探究、敢于质疑、据理力争、积极发表见解等课堂行为纳入形成性评估的考核范围。

2.信息技术与高校英语课程整合的方法

（1）"英语视听说"课程与信息技术的融合。语言学习与应用需要多种感官的参与，而不同的媒体通过不同的感官渠道传输语言信息。信息的产生、传输以及接收等离不开基于视觉和听觉的"双代码"系统，"英语视听说"课程具有视觉、听觉、口语表达的综合功能，又在不同阶段体现出了各自的特色，既加强了课堂教学的功能，又发挥了网络训练的优势，既结合教材，又不拘囿于教材内容，还打破了时空限制。

（2）英语文化类课程与信息技术的融合。信息技术与英语文化类课程的深度融合，使教材与网络资源成了突破时空障碍的有机立体整体，形成了"全媒体"的教学模式，创建了以教师为主导、以学习者为主体、以教学资源为支撑的相互融合的教学环境。另外,信息技术与英语文化类课程的深度融合还加强了课堂内外的互动,使各种信息技术都成了互动的媒介,而且互动的时间被无限延长,互动的空间被无限扩大,实现了课内课外互动的。

三、信息化环境下高校英语立体化教学模式创新

(一)立体化教学模式在高校英语教学中的作用

1. 带给学生全新的体验

信息化时代,立体化教学模式诞生。从某个角度上讲,该教学模式对终身教育的发展具有一定的促进作用,相关的专家和学者在研究了这个教学模式后也纷纷对其进行了肯定。在高校英语教学中构建立体化教学模式,教师要从两个方面去考虑。一方面,立体化教学模式可以改变以往传统、落后的教学方式。就目前的情况来看,立体化教学模式的概念和定义还比较模糊,它是基于网络通信技术的一种现代化教学方式。所以,立体化教学模式既包括通过移动设备去学习,也包括跨地点学习以及实景式学习。该教学模式在正常开展教学活动的前提下,通过运用网络技术使教学水平以及管理水平得到提高。另一方面,为学生提供一个在时间和空间上都不受限制的学习环境是所有教师的共同目标,在高校英语教学中应用立体化教学模式可以使学生随时随地学习。教师既可以把教学资源上传至相关的网络平台之上,还可以将一些重要的教学信息、教学课件等保存在存储设备中,进而非常方便地通过电脑、手机等电子设备来运用和分享这些资源。立体化教学模式可以使学生获得从未有过的学习体验,这对提高学生的学习效率和教师的教学质量有着非常重要的意义。

2. 具有很强的适用性

在语言类课程中应用立体化教学模式是非常合适的,因为最早打造

该模式的教学系统中的很多学习项目就是和语言类课程相关的。但是，对语言的学习绝对不是一蹴而就的，它涉及的内容是非常繁杂的，和其他的学习项目相比，语言类项目的开发比较缓慢。随着时代的发展，信息技术越来越成熟，如今，已经构建出了完整且独立于其他系统的语言教学系统。如今，移动电子设备越来越普及，这为立体化教学模式的应用提供了条件，而且在这一领域，西方的一些发达国家通过具体的实践取得了不错的成果，这为我国在这一方面的发展提供了丰富的经验。我国一些专家与学者表示，立体化教学模式将是未来英语发展的正确方向以及必然选择。当前，我国在英语学习方面的立体化教学软件层出不穷，如一些大型网站纷纷开发了相关的学习软件，为学生学习英语提供了机会。

（二）信息化环境下高校英语立体教学模式的应用策略

1. 打造高质量的高校英语教师队伍

信息化环境下高校英语立体化教学模式的应用对高校英语教师提出了更高的要求。目前，我国的英语教师队伍在专业性上还有很大的进步空间，而一些教师专业能力的欠缺会直接影响学生的学习效果，从而无法满足学生学习的需求。因此，必须将打造高质量的教师队伍当成一项重要工作。英语教师队伍中除了要有本土的专业教师外，还可以招聘一些优秀的外籍教师以及具备信息技术知识的人才。本土教师可以帮助学生理解所学知识；外籍教师可以从培养学生语感等方面使学生的学习效率得到提升，也能更好地锻炼学生听英语和说英语的能力；具备信息技术知识的人才可以更好地通过信息技术手段让学生更加便利地学习英语，为学生创造出有利于英语学习的环境，将学生的注意力牢牢抓住，使学生带着浓厚的兴趣学习英语。除此之外，在专业的英语教学队伍的建设中，高校还要对之前的评估体系进行创新性的改进，把教师的教学表现、能力等都当成评价的标准，并定期对教师进行考核，有针对性地对考核结果不佳的教师进行培训,从而使他们的专业能力得到提升。另外,高校还可以定期举办一些培训讲座,对教学内容进行及时更新,并改进教学方法,使教师与教师之间积极沟通与交流,共同学习,共同进步,从而实现提高教师专业能力的目的。

2.创新教学模式

信息化教学模式是一种新兴的教学模式,它可以通过信息资源使学生获得丰富的学习内容,还能使学生处于课堂教学的主体地位,使学生更加自由地参与学习活动,从而提高学生的自主学习能力。教师可以在微信平台上建立一个公众号,每天在上面发布一些与课堂知识相关的重难点问题以及与英语相关的能激发学生学习兴趣的内容,让学生通过评论功能在上面积极地发表自己的观点和看法,或者提出自己的疑问。这样,不仅有利于问题的解决,还能促进良好的师生关系、生生关系的建立,提高学生的思考能力和表达能力。还有非常重要的一点就是,教师可以通过学生的评论来了解学生的真实想法以及学习特点,然后进行总结,再有针对性地对学生展开个性化的学习指导,满足学生多样化的学习需求。

另外,英语是一门语言类的学科,这样的学科本身就是比较枯燥且乏味的,会使一些学生对这门课程提不起兴趣,因此教师要将开展趣味性教学作为一项重要的工作。要想做好这一点,教师必须从新课的导入环节入手。对于整个教学活动而言,导入环节具有基础性的作用,因此教师要充分利用信息资源,将导入环节设计得富有趣味性。这样不仅可以使学生的学习兴趣被调动起来,使学生进入自己创设的学习环境中,还能使学生了解到更多获得学习资源的途径,然后在课下自发利用这些途径进行学习。在教学过程中,教师还可以适当地设置一些悬念,诱发学生的学习动机,或者利用信息技术使课堂教学内容更具趣味性,从而为后面讲解新知识奠定基础。教师在实际的教学过程中也要对教材进行深入的挖掘,借助信息技术为学生创设真实、生动的学习情境,让学生沉浸在情境当中,与情境中的角色融为一体,引发共鸣。比如,在讲到某个国家的文化时,教师就可以通过多媒体设备向学生展示该国的风土人情、地貌等，激发学生的学习积极性，让学生除了掌握课本知识外，还能了解更多与之相关的课外知识。

第二节　基于网络的高校英语教学模式创新

一、网络教学模式概述

（一）网络教学模式的定义

要明确网络教学模式的定义，首先教师要清楚教学模式的定义。关于教学模式的定义有多种说法，其中《实用课堂教学模式与方法改革全书》对教学模式的定义可归纳如下。

（1）教学模式属于方法范畴，它就是教学方法。

（2）教学模式就是在教学实践中形成的一种设计和组织教学的理论。

（3）教学模式就是在一定的教学思想或教学理论指导下建立起来的较为稳定的教学活动结构框架和活动程序。

教学模式包括教学过程中用到的方法和手段以及教学活动结构，但这些绝对不是所有的内容。从完整的意义上讲，教学模式指的是在特定的教学理论和思想的指导下，为实现教学目标而总结的教学方法和活动的结构框架。教学模式的构建以教学的思想和理论为基础，而教学理论并不是单一的，会涉及很多学科的理论与思想。在具体的教学过程中，教学模式是以教学目标为依据而设计的，这使其具备了一定的稳定性，其稳定性由教学理论和组成该模式的要素决定。在教学模式中，教学活动和方法都具有一定的稳定性，不过，具体的教学方法必须以真实的教学情况为依据进行合理的变通。

根据教学模式的定义，网络教学模式的定义可归纳如下：网络教学模式是基于计算机网络技术的新型教学模式，即与技术相结合的教学模式。

（二）网络教学模式的特征

在对网络教学模式的特征进行归纳之前，教师首先要了解教学模式具有的一般特征，其特征具体包括以下几点。

（1）教学模式是在总结教学活动经验的基础上，对教学活动方式的抽象概括。

（2）教学模式是各要素及其相互关系结构化的、简约化的表达方式。

（3）在一定的范围内，教学模式具有一定的代表性和示范性。

网络教学模式具有教学模式的普遍特征，同时增加了应用网络信息技术这一特征。

正是计算机网络信息技术在教学模式上的应用使得传统教学模式发生了许多本质上的变化。人们可以将网络教学模式的特征归纳为"个性化""自主学习化"和"超文本化"。"个性化"可以从教师和学生两个角度进行解读：从教师方面看，网络技术的应用为教师进行个性化教学提供了技术上的支持；从学生方面看，网络为学生提供了无限的学习资源，学生可以结合自己的实际情况或兴趣爱好有选择性地进行学习。"自主学习化"是指学生以计算机网络技术为媒介，自主制定学习目标、安排学习计划、选择学习内容、评估学习成果的学习活动。"超文本化"是与"计算机辅助语言学习"相对被提出来的，指的是"超媒体"。

（三）网络教学模式的构成要素

1. 教学理论

不管是什么教学模式，都有着支撑它的教学理论，教学理论是教学模式形成和发挥作用的基础。建构主义理论可以说是网络教学最主要的理论依据。建构主义理论注重以原有经验和知识为基础来建构知识，强调教师不是知识的灌输者，学生也不是被动接受知识的人，教师要明确自身的作用和任务，成为学生学习的帮助者与引导者，网络教学模式的形成正是以此为理论基础的。

2. 教学目标

教学目标是指网络教学活动实施的方向和预期取得的成果，它是教学思想和观念的具体化表现。教学目标决定了网络教学模式的创建以及发展方向。

3. 技术环境

技术环境是网络教学模式赖以运作的物质条件，主要包括互联网、广域网、局域网、校园网以及计算机设备等。网络教学模式的技术环境主要受到设备的性能以及信息传输条件等的制约。

4. 教学策略

教学策略是网络教学展开的步骤、过程、方式和方法的总和。它是教学模式具有稳定运作结构的外在表现。

5. 人—机角色关系

人—机角色关系是网络教学模式的重要因素。这里的"人"包括教师和学生，"机"指的是多媒体设备。教师与学生在教学中扮演不同的角色，便形成了不同的师生关系，不同的师生关系影响着"人"与计算机网络终端之间的相互作用关系。这些关系的交融就构成了特定的网络教学模式。

二、高校大学英语网络教学的必然性

高校英语教学在我国大学生基础学习阶段的地位举足轻重，但是高校英语教学远远不能适应我国经济的发展需求，其中最为突出的问题是高校英语教学以教师为中心，以通过考试为目的，学生缺乏练习和使用英语的机会，学生的英语综合应用能力（尤其是听、说和写作能力）普遍较低。1999年高校扩招之后，许多高校不得不采取大班授课的方式，很难做到因材施教和开展个性化教育，导致课堂上形成了教师在讲台上练口语、学生在下面记笔记的尴尬局面。教师和学生之间、学生和学生之间缺乏交流，导致学生学习英语的兴趣越来越低。所以，高校要探索出一种适应新形势的英语教学模式。

为了顺应高等教育新的发展形势，全国高校掀起了英语网络教学的热潮。在180所试点校的带动下，各高校纷纷采用了上海外语教育出版社、外语教学与研究出版社、高等教育出版社等研发的高校英语教学软件，尝试运用高校英语教学新模式。在这种新的教学模式下，许多试点院校取得了初步成效。

传统教学模式已越来越跟不上当前的时代发展步伐了，而网络教学作为一种有效的补充教学方法，能够为学生提供海量的学习资源，使学生拥有更多的学习途径，不受时间和空间的限制进行自主学习，并通过软件的一些功能与教师和同学就学习内容进行探讨，从而进一步加深对知识的理解。另外，教师还可以借助网络学习平台发布学习任务、解答学生疑问、接收作业等，使教学效率得到很大的提升。

三、高校英语网络教学的优势

（一）网络教学提高了学生的自主学习能力和合作学习能力

早在20世纪80年代，自主学习和合作学习的理论就已在西方国家得到了广泛应用，如美国杜博礼（Bernie Dodge）的"网络问题探

第七章 当代语境下高校英语教学创新

究"学习模式、狄金森（Dickinson）倡导的自主学习方法、约翰逊（Johnson）对合作学习五要素的解释等。在他们看来，学生不是被动的、消极的知识接受者，而是主动的、积极的探究者。自主学习是在尊重学生的个人需求和个人情感的基础上，培养学生独立分析、解决问题的能力，从而真正意义上"以学生为中心"进行教学。然而，任何学习都不可能完全独立地完成，都需要通过和他人互动来完成。因此，在培养学生自主学习能力的同时，不可忽视合作学习的作用。

在传统教学模式下，学生对教师过分依赖，课堂以教师讲授为主，学生只是被动接受知识。《大学英语课程教学要求》强调英语教学过程中突出学生的主体地位，这是与过去实施的教学模式的最大不同之处。在新的教学模式下，学生是教学过程中的主体，因此教师在设计教学内容和组织教学的过程中，一切要从学生的实际情况和需求出发。在"以学生为中心"的教学中，教师起主导作用，学生逐渐树立自主学习的理念，从被动学习变成主动学习，从依靠教师转变为自主学习，从看笔记、做练习、听录音转变为主动查阅资料、提出问题、互动交流、合作学习。

传统的英语教学一般是以教师为中心的，也就是说教师讲得比较多，学生更多的是机械地、被动地接受教师传授的知识。在这样的教学模式下，更多锻炼的是教师的语言能力而非学生的能力，长此以往，会使学生学习的积极性和自主性受到不良的影响，而网络教学可以使这一问题得到有效解决。建构主义理论主张，只有在合理的语言环境中通过和外界充分沟通，才能更好地实现教学目标，才不失为有意义的建构。在网络教学中，手机、平板电脑、计算机等电子设备都可以为学生提供自主学习的平台，而且学生的学习不会在空间或者时间上受到制约，学生能够在任何时间和地点学习知识，还可以自己给自己制定学习计划，安排学习进度，能利用人机模式去锻炼语言能力。这样，学生学习的途径就不再仅限于教师对课本知识的口头讲授了。总之，网络能帮助学生自主学习，从而使学生的语言综合水平得到质的飞跃。

需要注意的是，网络教学也具有一定的缺陷，仅仅让学生依靠网络进行学习是不可行的。对于网络教学来说，教师的引导与督促也是必不可少的，只有将网络教学模式与传统教学模式结合起来，才能使两者的最大优势都发挥出来，从而使学生的学习效率都得到提升。

综上所述，网络教学的生命力是非常强大的，这不仅是因为网络教学有上面提到的那些优势，还是因为它是基于社会语言学以及认知心理学发展起来的。开展网络教学是为了让学生了解语言的内涵，同时使学生的判断力、分析能力和语言能力得到提升。正是由于社会语言学、认知心理学和计算机技术的结合，网络教学才具有了很强的活力和生命力，从而使英语教学得到进一步发展。

（二）网络教学提供了丰富的交互空间

21世纪初，语言学家普遍认为语言输入无法为语言习得提供保障，语言习得的关键在于交互活动。这里的交互活动包括两个部分：一是意义协商；二是语言输出。在传统教学中，教学内容、教学方法、教学步骤大多是教师事先安排好的，学生很难有机会向教师表达自己对问题的看法，学生与学生之间也很少交流。在网络教学中，教师和学生、学生和媒体以及学生和学生之间可以实现互动。教师可以通过网络进行网上辅导、网上答疑、网上作业批改等教学活动；学生可以通过网络向教师和同学提出问题，也可以从网络平台和教师那里获得所需要的信息，还可以通过与同学的交流获取知识，从而达到建构自己知识体系的目的。

（三）网络教学拓展了个性化的学习领域

在以往的英语课堂教学中，一些教师往往会忽略学生的个体差异，对于学生学习基础、学习风格、学习兴趣等的不同并不是很重视，教学内容、教学方法和教学目标等都较单一，没有做到因材施教，这样不仅很难激发学生的学习兴趣，还不利于学生学习自主性的提升。对于这一问题，网络教学就可以很好地解决。在网络背景下，英语教学更加

第七章　当代语境下高校英语教学创新

突出个性化的学习。网络教学使英语教学更加个性化，教师可以进行更加科学的个性化教学，学生也能根据自己的需求展开个性化的学习。这样，个性化的英语教学就有了可能。教师可以因材施教，合理安排教学内容，灵活选择教学方法，学生则可以根据自己的兴趣和需要选择学习内容。

（四）网络教学搭建了丰富的开放式平台

网络教学和传统课堂教学的最大不同之处在于网络教学没有固定的教室，教学活动可以在连接网络的所有的地点开展。学生在学习中的灵活性和选择权得到了很大的提升，同时学生可以根据自身的情况对学习的方法、时间等进行自主选择。学生可以在网上自主选择学习的资料和信息，然后自主制订学习计划。这样，学生就成了学习的主体，在学习活动中获得了高度的自由。这不仅能增强学生学习的主动性，也能使学生的思维能力和创新能力得到一定的提升。

（五）网络教学有利于提高教师的业务素质

网络教学要求教师不但要有一定的计算机网络知识，更要有丰富的本专业知识和教育学理论知识，这样，教师才能在教学中游刃有余。另外，网络教学的灵活性大，教学过程中有宽松的环境，但课堂操作难度大，这更有利于教师教学艺术性的展现和创造性的发挥。

（六）网络教学有利于培养学生的听说能力

网络教学是灵活且开放的，学生在这样的教学模式中更具自由性。在具体的学习中，学生不需要有很多纸质的学习材料，只需要手里有一台计算机，就能从海量的网络资源中获取对自己的学习有帮助的资料。丰富的学习资料、生动的动感信息能使学习的趣味性大大得到提升，使学生获得良好的视听享受，这是传统的英语教学无法做到的。

在以往单一的教学模式下，教师和学生之间的交流非常有限，而网络教学能够增强师生的交互性。当前，我国在英语教学中存在的一大问题就是缺少好的语言环境，学生在获取知识时多通过课堂这一途径。这样，学生在学习方面就会受到一定的制约：第一，每节课的时间是有限的，部分教师为了顺利完成教学任务，往往会减少与学生交流的时间，进而导致学生自主练习的机会减少；第二，语言输入被制约，在传统的英语课堂上，学生得到的语言输入基本来源于教师对课本知识的传授，所以教师的水平以及课本的内容对学生语言能力的锻炼有很大的影响。学习语言较有效的方法就是用英语真正地进行交流，仅仅在课堂上进行语言交流是远远不够的，会受到诸多因素的限制。与之相比，网络教学中应用的视听资源和交流平台更能促进学生语言能力的提升。

（七）网络教学提供了大量真实、生动的语言

外语教学界普遍认为学生应该学习地道的外语。但是，这对中国的学生来说较难实现，因为学生多使用根据语言结构的难易程度编写的教材或改写的简易读物。而网络教学的优势就在于网络不仅能够提供大量英语文学作品的原文，还能提供大量的英语日常用语，其语言之生动、真实与数量之大是任何教材都无法比拟的。

四、高校英语网络教学中教师的角色特征分析

在高校英语网络教学中，除了要重视学生学习主体的地位以外，也不能忽视教师的主导地位。要知道，网络在高校英语教学中发挥的作用始终无法完全取代教师，进行网络教学也不代表完全不需要教师这个角色。网络教学的各个环节都少不了教师发挥主导作用。教师必须严格根据教学大纲和学生的实际情况，为学生安排听、写、读等多种类型的学习任务，还要引导学生设计正确的学习目标，制订合理的学习计划，选择适合自己的学习方法，从而养成良好的学习习惯，提高学习的积极性和主动性。

五、高校英语网络教学模式设计原则

(一) 目的性原则

教学方法不仅受教师的语言观和语言学习观的影响，还受教学目的的影响，不同的教学目的有不同的教学方法。

高校英语教师必须根据教学大纲的要求以及教学的实际情况，对教学内容和媒体资源进行筛选、更新和补充，并充分发挥现代化教学手段的优势，将丰富的信息资源有效地传递给学生，调动学生的各种感官，帮助学生掌握教学内容，实现预期目标。

(二) 以学生为中心的原则

以学生为中心的原则强调学生在学习中的主体地位。高校英语网络教学模式的实施有利于学生积极参与语言学习活动，主动建构知识，按个人交际水平和特点，选择所需学习的内容，自己安排学习进度。

(三) 系统性与最优化教学原则

语言的学习不是一蹴而就的，它需要一个由浅入深、慢慢熟练掌握的过程。所以，高校英语教学也应该严格遵循这一发展规律，系统性地去安排相关学习内容，一步步完成教师设定的教学目标，使学生逐渐实现自己的学习目标。当前的教学硬盘、网络系统、多媒体教室等为教师系统性地教和学生系统性地学提供了丰富的资源和多种途径。教师在对教学材料进行选择时，必须以学生的实际水平和需求为依据，所选内容要难易度适中，不可以太难，也不可以过于简单，从而使学生的语言能力一步步提高。此外，教师还要考虑学生的学习进度，不能太快，也不能太慢，要及时发现学生在学习中遇到的问题，并及时对其进行指导，为其提供帮助。

（四）情境与交际性原则

语言的学习与社会文化背景有着紧密的联系。这些社会文化蕴含在各种各样的情境之中。真实的情境可以激发学生的联想思维，使他们利用自己原有认知结构中的有关经验去同化和探索当前的新知识。利用网络开展英语教学要发挥网络特有的优势，使学生在生活化的语言情境中培养跨文化意识，提高交际能力。

六、常见的高校英语网络教学模式

英语网络教学模式是在教学理论的指导下，依托计算机网络技术，为达成一定的教学目标而构建起来的较为稳定的教学活动结构框架和教学方式。下面介绍一些常见的高校英语网络教学模式。

（一）网络自主学习模式

网络自主学习模式注重个性化教学和自主学习。在该模式中，学生是整个教学的中心，教师只是起到辅助教学的作用。网络自主学习模式主要分为网络自主接受模式和网络自主探究模式。

（1）网络自主接受模式：学生+学习资源+学习指导者。其中，学习资料是指通过网络传输的学习资料。网络自主接受模式主要针对的是学生语言知识和技能的训练，训练主要以完形填空、单项选择、多项选择、判断、拖动配对等带有详细答案的形式为主。学生完成测试并提交答卷后，计算机可通过已设定好的识别和反馈程序自动进行批改，答卷中的错误答案会被清晰地显示出来，同时会提供正确答案。

（2）网络自主探究模式：学生+任务+参考资料+教师。这一模式主要用于培养学生的语言应用能力，而不是教授词汇或语法等语言基础知识。教师会给学生布置语言任务。可以说，学生在完成语言任务的过程中，通过教师的不断指导，加之自身不断改正与探索，最终达到熟练掌握语言技巧的目的。

（二）网络任务合作模式

网络任务合作模式：学习小组＋任务＋参考资料＋教师。该模式主要是在班级中成立学习小组，让学生借助丰富的网络资源顺利完成教师布置的语言任务，这样不仅可以丰富学生的英语知识，还能提高学生的团队合作精神。这里所说的任务一般是和学生的工作和生活相关的任务。在这样的合作模式中，教师扮演着非常重要的角色，首先，教师要以学生的语言能力、综合素质等为依据对学生进行分组，还要为学生提供一些资源索引。如果学生在完成任务的过程中遇到了问题，教师要及时帮助和引导学生。另外，小组成员共同完成任务时容易出现成员间闹矛盾的情况，教师也要及时对其进行解决，从整体上对学生完成任务的进度有一个把控，并且在完成任务以后开展评估工作。在整个任务完成的过程中，教师要尽量要求学生用英语去完成任务，如用英语沟通、选择英语参考资料、用英语总结发言等。这样的教学模式就是通过构建一个虚拟的任务情境，让学生在完成任务的过程中提高语言综合应用能力，同时培养团队合作能力。

（三）网络集体传递模式

网络集体传递模式：学生＋学习资源＋教师。这种模式与传统的教学模式比较类似，只不过传统的教学是在教室进行的，这种教学模式是利用虚拟网络进行的。

（四）网络综合教学模式

在实际的高校英语网络教学中，单一的教学模式往往不能满足不同的教学需要，所以通常需要将上述几种教学模式根据具体情况进行综合使用，这就是网络综合教学模式。

七、高校英语网络教学实践

（一）高校英语阅读网络教学实践

教师可以从激活学生的先前知识、阅读交互、阅读策略培养、阅读评价等几个方面进行英语阅读网络教学设计。将网络运用于英语教学中，教师不仅要关注课程内容，还要充分发挥网络的优势，发挥学生的主体作用，使学生更好地学习词汇和语法知识，学习阅读理解的策略，这对提高学生的阅读理解能力十分有利。

（二）高校英语口语网络教学实践

网络可以为高校英语口语教学提供真实的语言环境和丰富的语言材料，因此利用网络开展高校英语口语教学活动，无论对学生的学习还是教师的教学都大有帮助。具体而言，网络上提供的音频和视频资源等以及一些在线词典等辅助英语学习的工具可供学生在口语课前预习或课后复习、练习和补充学习。教师也可利用文字、语音、视频等和学生进行交流等。总之，在网络环境下开展高校英语口语教学，对学生英语口语水平的提高极为有利。

第八章　高校英语多模态课堂教学探索

第八章 高校英语多模态课堂教学探索

第一节 多模态分析

一、感知模态的产生

由生命科学的研究成果可知，生命体在演化过程中逐步获得了听觉、视觉、嗅觉、触觉、味觉五种不同的感知通道：靠耳朵获得听觉通道；靠眼睛获得视觉通道；靠鼻子获得嗅觉通道；靠皮肤获得触觉通道；靠舌头获得味觉通道。这些通道都是生命体同周围环境进行信息交换的界面与路径。在残酷的物竞天择面前，生命体依靠这些通道同周围环境进行信息交换，这些感知通道能否相互作用，能否帮助生命体对周围的一切做出迅速而有效的反应，直接影响着生命体的生存和繁衍。一些生物学家认为，生命体在获得上述五种感知渠道的基础上产生了以下五种交际模态：听觉交际模态、视觉交际模态、嗅觉交际模态、触觉交际模态和味觉交际模态。

二、媒介、模式与模态的区别

在多模态话语分析中，模式、媒介与模态三个词语经常出现。由于这三个词语彼此之间在意义上有联系，界限不是十分明确，容易让人混淆、产生误解，所以这里有必要说明它们各自的含义。一般来说，媒介是指语言交际使用的技术,从严格的语言学和符号学意义上讲,它不能算是一个术语。模式指系统功能语言学中所说的与话语范围和话语基调并列的语境三要素之一的话语模式,指交流渠道。例如,书面表达模式、口头表达模式等。这些模式的使用和变化在一定程度上影响了信息的流动,最终影响了其语篇性(语篇应该具备的特征)。模态是指交流的渠道和媒介,包括技术、图像、语言、音乐和颜色等符号系统。

三、多模态话语分析的理论基础与理论框架

多模态话语分析从皮尔斯(Peirce)等人的符号学理论中吸取了对象、媒介、解释三位一体等理念,但它的主要理论基础还是韩礼德创立的系统功能语言学。具体而言,多模态话语分析从系统功能语言学中吸取了语言是社会符号和意义潜势的观点,认为语言以外的其他符号系统也是意义的源泉,并认为多模态话语本身具有系统性;吸取了纯理功能假说,认为多模态话语与只包含语言符号的话语一样,也具有多功能性,即同时具有人际功能、概念功能和语篇功能;吸取了语域理论,认为语境因素同多模态话语的意义解读之间有着密切的联系。

(一)系统功能语言学与多模态话语分析

系统功能语言学是最适合研究多模态话语的理论模式,其原因如下:第一,系统功能语言学不仅研究语言内部的运作机制,还研究语言外的环境与动因,以及伴随语言的意义。话语的多模态性实际上包含在这个框架之内。第二,系统功能语言学把话语意义和功能放在首要位置,而非实现它们的符号系统。这样有利于人们全面地研究语言的符号系统,因为它不只研究一种符号系统,还研究实现话语意义的各种符号系统。这样就为多模态话语研究打开了方便之门。第三,意义的实现是以多模态形式进行的,语言只是这些形式中最有效的一种。不同模态的话语在不同的语境中有着不同的作用,这是不同模态的媒体相互作用的

结果,用系统功能语言学理论可以把不同模态之间的互相作用放在同一个框架中进行研究。

(二)行为理论和多模态话语分析

除了用系统功能语言学分析多模态话语外,还有学者尝试用其他理论来分析多模态话语。其中,比较有代表性的是斯科隆(Scollon)的介入性语篇理论和顾曰国的实时语篇分析。他们的研究都以行为理论为基础,同时为多模态语篇的分析提供了不同的理论分析框架。

四、多模态应用型研究回顾

多模态话语分析对语言教学的指导作用越来越受到西方国家学者的关注。克雷斯(Kress)和范鲁文(Van Leeuwen)研究了多模态课堂教学的方法,探讨了非语言符号模态,如图像、手势等在实际课堂教学中的作用,并指出图像是教学中必不可少的部分。

(一)多模态英语教学的意义和发展趋势

多模态话语分析为语言教学的多模态化提供了理论支持和指导。尤其是随着现代教育技术的发展,多媒体网络资源在课堂教学中得到了广泛应用,实现了教学资源的多样化和丰富化,为多模态教学的实现提供了技术支持。张德禄依据系统功能语法构建了多模态话语分析综合理论框架,提出了多模态媒体系统,尝试探讨各个模态之间、模态与媒体之间的关系,并指出了英语课件制作和运用中的诸多误区,归纳了一些应对方法。章柏成从语言输入的角度出发,提出多模态 PPT 演示应凭借相关技术手段,在诸多模态中有效实现对输入的信息的强化,从而增强学生的语言习得效果。[1] 新媒体以先进的传播技术影响着世界经济、文化

---

[1] 章柏成.输入强化在多模态 PPT 演示中的实现 [J].重庆交通大学学报(社会科学版),2009,9(3):133-137.

的发展，极大地促进了多元文化的传播、渗透。同时，它使传统的读写方式发生了巨大的变化，图像、声音、空间等多种原来被认为是副语言的符号地位逐渐被凸显出来，它们同传统的文字表意方式相结合，共同传递信息。各种符号交织在一起，语篇的含义也从传统的文字语篇扩展到了动态语篇。这些发展对当今的英语教学理念、内容和方法产生了深远的影响。

（二）多模态英语教学研究

长期以来，英语教学往往只重视纯语言文字模态的课堂教学，其教学手段和目标立足单一的文字模态，极少结合非文字的其他模态形式展开课堂教学和评估。随着信息化、数字化技术的普及，多模态已不可避免地影响到课堂教学的模式。于是，很多学者对多模态教学进行了研究。新伦敦小组最先将多模态理论用于语言教学研究中，他们基于语言文化的多元性和交际的多模态性提出，语言教学的根本目的是培养学生的多元识读能力和解读多模态各种意义的能力。斯坦（Stein）最先明确提出了多模态教学法的概念，认为教师和学生都应当利用多模态进行教学和实践，课堂应当是包括视觉模态、书面模态、口头模态、表演模态、音频模态和体态模态在内的多模态符号的空间。克雷斯分析了多模态教学中外来信息借助感官在学习者身上形成文字文本或者形象文本的机制。通过上述学者的研究可以发现，将多模态运用到课堂教学中有传统教学方法和手段无可比拟的优势，在提高高校英语教学效率、培养大学生多元读写能力等方面具有可行性和突破性。

第二节 高校英语多模态课堂教学模式的构建

随着信息技术的发展,传统的教育观念受到了广泛的质疑与批评,传统的教育模式无法满足复合型人才培养的需要,影响学生创造性思维能力及自主学习能力的培养。为了实现教育立体式发展,教育工作者应思考并推广新的时代背景下新的教学模式。

一、多模态话语语境下的高校英语微课教学模式

(一)什么是微课

微课,即微课程,这种教学方式是由美国教师于2008年秋首创的,方法为1分钟课程。此种方式在我国被称为"微课",是按照新课程标准及教学要求,以教学视频为主要载体,反映教师在课堂教学过程中针对某个知识点或教学环节而开展教与学活动的各种教学资源的有机组合。具体而言,它是以教学视频为主要呈现方式,对教程进行细化、拆分,将知识点、练习题、疑难问题、实验操作方法等与教学有关的资源单独作为一个重点教育单元,利用多媒体制作成3~5分钟(最多不超过10分钟)的短小视频,然后利用直观的教学方式将其讲深、讲透的一种教学方式。

(二)微课的特点

微课,顾名思义,即微小的课程,其形式短小,内容精练,主题突出,追求实效。微课有四个主要特点:主题突出,指向明确;资源多样,情境真实;短小精悍,使用方便;半结构化,易于扩充。

（三）微课的应用前景

在教学领域，微课已经深受广大教师的喜爱，深受广大学生的好评。随着时代的发展、科技的进步、各类软件的推陈出新、教育水平的不断提高，以及学生求知欲望的不断增强，微课作为一种新颖的教育模式，必定会迅速而强势地发展。原因有四方面：第一，微课设计与应用必将受到教育行政部门和各类院校的关注，而这种关注将会推动这种教育模式的深入发展，促使教师学习、掌握制作微课的方法，将微课教学模式广泛应用于教学之中。第二，网络应用平台、软件开发商从微课模式的广泛应用中发现商机，从而致力平台的搭建和软件的开发运用，这将为广大教师制作微课提供有力的资源保障。第三，此种教育模式更受欢迎，原因在于微课制作简单，资源丰富，自然现象、教育故事、授课经验等，不论是何种素材，均可以微课形式呈现，此外，其时间短的特点也能使教师在备课过程中更加集中精力。第四，学生的审美能力的提高和求知欲的增强必将促使教师更加积极地寻求更好的教育模式，微课所展现出的新颖性、丰富性等特点，使广大教师期待将其广泛运用于教学中。

总之，对于微课这种新颖的教育模式，教师只有严格地推广运用，合理地加以引导、把关和控制，才能发挥出其最佳的效用。

二、多模态话语语境下的高校英语翻转课堂教学模式

（一）翻转课堂的定义

翻转课堂是指教师将所授课程录制成视频，供学生课前预习，在课堂上教师不再详细讲解课文而仅答疑解惑的教学方式。翻转课堂最早是美国科罗拉多州的两名高中教师为缺勤的学生补习时尝试采用的教学方式，后被推广。翻转课堂的实施是对课堂教学方式的重大变革，《环球邮报》《华尔街日报》等主流媒体曾对这种教学模式进行专题报道，相关教育专家也纷纷给予其高度评价。

（二）翻转课堂产生背景

翻转课堂是信息技术在教育中全面运用的成果。随着信息产业的发展，计算机和互联网技术日益成熟，信息技术的应用也越来越广泛，其进入教育领域实属必然。据统计，当前多媒体技术已在所有大学普及，基本普及了中学，也已经在相当一部分小学中运用。翻转课堂是利用信息技术发展教学的典型，它使教学时间不再仅限于上课时间，使教学空间不再仅限于课堂，方式也不再限于"教与学"，而是借助信息技术，通过计算机和网络信息平台，使学生可以随时随地、不限时间、不限次数地主动学习，课堂则成了深入探讨、相互交流之地。翻转课堂的教育模式符合我国深化教育改革的要求，符合我国当前的教育发展形势。

（三）翻转课堂翻转了什么

理论和实践表明，利用信息技术开展的高校英语翻转课堂教学模式符合时代的发展需求，能被广大师生接受。具体而言，翻转课堂完成了一系列转变。

传统的学习方式是"要我学"，而翻转课堂的实施有助于学生的学习方式向"我要学"转变。这是因为随着信息技术的快速发展，人们将信息技术应用于高校英语教学中，实现了教学内容、方法和工具的巨大变革。翻转课堂的实施保证了学生的学习不受时间限制，利用网络等工具则保证了学生的学习不受空间限制，同时丰富多样的资源激发了学生的学习兴趣。翻转课堂的实施实现了教学方式的重大转变。

（四）翻转课堂教学模式

翻转课堂教学模式要求教师根据课上的学习内容及技能培养的方向确定学生自主学习的内容。教师可以通过课前对要使用的多媒体辅助自主学习软件的设置，来满足不同语言水平的学习者的需求。一般根据班级学生的具体学习水平，自主学习内容可设置为难、适中、易三个层次。学生在课后可以进行选择学习内容,真正发挥翻转课堂的功能。同样,在课后的自主学习内容的设置上,教师也要充分考虑到课上无法完成的练习部分,把这部分内容搬到课后自主学习中。教师通过让学生完成布置的任务,找出学生共同存在的问题,在课上教学时加以强调,以便更好地完成教学目标。教师可以监控翻转课堂中学生的自主学习过程。具体来说,教师可以选择优质的外语学习软件,通过发挥软件的功能,如日学习时间统计、周学习时间统计、任务完成情况、与教师沟通情况等,以更好地检查学生课后学习的情况。

第三节 高校英语多模态课堂教学评估体系

教学评估是高校英语教学的重要组成部分,对于高校英语教学的实施具有较强的指导和监控作用。其既是学生调整学习策略、改进学习方法、提高学习效率的有效手段,又是教师获取教学反馈信息、改进教学管理、保证教学质量的重要手段,因此建立全面、客观、科学、准确的评估体系至关重要。随着教学改革的深入,以学生为中心的教学模式取代了以教师为中心的传统教学模式,高校英语教学评估体系也受到新的教学理念和评估理念的影响,尤其是多模态教学模式的影响,更强调评估情景的真实性,关注评估条件的支持性,注重评估进程的动态性,并要求灵活运用多样化的评估方法,构建新的高校英语多模态课堂教学评估体系,真正发挥其服务教学和指导学习的作用。

一、高校英语多模态课堂教学评估标准

要保证评估的公正和公平,评估标准必须明确。课堂评估要从效

度、信度等方面入手明确评估标准,并注重其可行性,考虑积极的教学反拨作用。评估的效度是指在多大程度上评价了要评价的内容。效度包括内容效度、结构效度和实证效度。内容效度是指一个测验实际测到的内容与所要测量的内容之间的吻合程度;结构效度是指一个测验实际测到所要测量的理论结构和特质的程度;实证效度是指一个测验对处于特定情境中的个体的行为进行估计的有效性。影响效度的因素很多,如不正确的理论、评估抽样量不足、评估形式不合理等。效度要通过外部的、独立的标准进行评价,这是一个实证问题。例如,把学生成绩与教师的评价进行比较,通过长期观察学生的语言能力推断评估的效度等。英语教学评估的信度是指评价结果一致性的程度。信度包括三个方面:评价本身的信度、评分信度和学生在不同情况下的表现。信度的影响因素有很多,如评价形式、评价时题目的难易度和区分度、评分员之间的差异,同时学生瞬时的心理和生理变化会干扰评价的信度。为了排除这些影响信度的因素的干扰,一是在多个场合中评价,提供清楚明了的评价说明;二是使用多种评价方法,评价条件一致,减少非评价因素的干扰;三是由有经验的、受过培训的评分员评分,采用多人独立评分等方法。当然,可行性也是评估的一个重要因素,除了评估的信度和效度之外,一项评估只有在人力、物力、时间许可的范围内才可以进行。与此同时,在大规模、标准化的考试中更要考虑评价对教学的反拨作用。

二、高校英语多模态课堂教学评估内容

英语教学评估内容是由培养目标决定的,英语教学的目标是培养学生的英语综合应用能力,尤其是听说能力,使学生在今后能够有效地进行口头和书面的信息交流。不仅如此,还要让学生提高综合文化素质和自主学习能力,这样才能更好地满足我国的经济发展和日后国际交流的需要。据此不难看出,高校英语多模态教学中,教师要从以下三个方面对学生进行评价:一是语言综合运用能力,该能力可以分为听、说、

读、写、译五种技能，每种技能又可细分为多种微技能。二是学习的方法和步骤及学习策略的掌握情况，重点评价学生的观察能力、提出疑问的能力、根据问题做出猜想和假设的能力、对信息的收集和处理能力、交流与合作的能力等。在评价学生的过程中，教师要将形成性评价与终结性评价合理地结合起来，客观记录学生参加了什么活动、投入程度怎样、在活动中的表现和进步等情况，在得出评价结论前，对学生在学习过程中运用了哪些方法、结果如何等进行综合评价。三是对情感态度的评价不能像对知识和技能的评价一样直接进行，只能通过一些可观察的指标间接地进行评价。因此，为了了解学生的情感、态度与价值观等方面的情况，教师应对学生的学习过程进行观察和记录。

三、高校英语多模态课堂教学评估方法

根据评估的需要来选择评估方法。因为评估标准和内容是多元和综合的，所以评估方法也应该是多元和综合的。

（一）档案袋评估法

建立学生学习档案是高校英语多模态课堂教学评估的重要方法，学生应该在教师的帮助下制作档案袋，向家长及其他相关人员展示自己学到的东西。在选择档案袋中的内容时，学生应是积极的参与者和决策者，教师则是指导者和激励者。为了将该评估方法很好地应用到日常的教学活动中，教师可以将课程与教学同评价结合起来。

与标准化考试相比，档案袋包含更多信息：批判性或者创造性的思维及问题解决过程；小组报告、参与讨论、口头交流等其他技能；在生活和学习中能与他人和睦相处、团结合作的技能。因此，它在评估学习过程时可以显示出连续性和民主性，并能为学生学习进步提供相应的依据。当数字不能公正显示学生的学习结果时，教师可以将其作为一种评估依据。但要注意的是，档案袋评估法也有它无法解决的问题，如对档案袋的编制质量进行评价时，标准很难确定，难以做到客观公正。正因

为如此，档案袋评估法不宜单独使用，必须与标准化考试等其他评估方法结合运用。

（二）观察法

观察法是通过有目的、有计划地观察学生在日常学习中的表现并加以记录，针对学生的学习情况做出全面评价的方法。该方法也是高校英语多模态课堂教学评估的一种重要形式。观察法注重观察记录，包括自然观察、选择观察和实验观察等方法。观察记录也分为多种方法，如设计观察表格，常用的观察表格包括学生个人使用的自我检查表和整个班级使用的记录表。观察的项目一般预先设计在表格中，有时也可随时择取。为使学生随时了解自己取得的进步和需要考评的内容，表格会与学生档案放在一起。

设计课堂观察表格需要注意七个事项：观察目的是什么？观察教学中哪些方面可以达到这些目的？观察单个学生或者一组学生还是整个班级学生？在日常教学活动中观察还是观察特定的某个活动？一次观察还是重复观察？是否观察学生的其他课程和课外学习？怎样记录观察结果？高校英语教师用观察法进行英语教学评估时可以将上述注意事项作为参考，有步骤、有目的地进行观察，尽量保证英语教学评估的准确性和公正性。

（三）自我评价法

《大学英语课程教学要求》指出："教学模式改革的目的之一是促进学生个性化学习方法的形成和学生自主学习能力的发展。"高校英语多模态课堂教学应以现代信息技术为支持，使英语教学朝着个性化学习、不受时间及地点限制的学习、主动式的学习方向发展，充分发挥学生的主体作用。为了达到以上目的，在高校英语多模态课堂教学评估体系的构建中，教师应注重学生的自我评价，引导学生采用各种有效方法对自己的进步、成果及不足之处加以记录、评价。这样的自我评价会帮助学生明确学习目标并自我调控学习进程，增强学习信心和责任感。自我评估的内容包括学习的方方面面：学习过程、学习方法、学习态度、努力程度、学习结果及学习中的长处和不足等。教师可以根据评估的目的制作自我评估表，引导学生进行自我评价。需要说明的是，学生未必可以对自己的学习过程和学习结果做出准确的评估，自评在目前的教学条件下仍存在着局限性。但学生的自我评价能力是不断发展和提高的，这需要教师的引导。与此同时，自我评价法要和其他评估方法结合起来使用，以使评估更加科学、有效。

（四）学期和学年报告法

学期和学年报告法就是对学生某一学期或学年的终结性评估。学期和学年报告应将平时的过程性评价与考试结合起来，形成一个评价报告，从而改变了以往只用考试分数来评价学生的做法。由于过程性评价主要是用来评价学生学习和进步状况的，并不是对学生的学习进行终结性评价，反映的是学生在某个时期中的成长过程，所以教师不能把过程评价的情况折算为一个分数，加到考试成绩里。教师应该对评价结果进行分析，形成一个分析报告，全面报告学生的学习过程和各方面的发展，对学生的进步和不足进行客观描述，给出一个等级，与考试成绩一起作为对学生的终结性评价。

（五）语言测验

在认识到以上评估方法的优势的同时，教师还要认识到以测试为主要形式的终结性评价的作用。与其他评估方法相比，测验具有高效、便捷等特点，其结果是量化的，易对学生进行横向的比较，为教学提供的信息往往非常有用。这里将重点探讨课堂测验和大规模、标准化测验在高校英语多模态课堂教学评估中的应用。

课堂教学中教师最常用的评估方式是课堂测验。课堂测验以笔试为主，可以评价一个教学单元或者一学期及一学年教学目标的实现情况。大规模、标准化测验则常用于一学期或一学年结束时，通常以笔试为主，将开卷考试与闭卷考试有机结合起来。无论课堂测验，还是大规模、标准化测验，都需要注意三点：首先，要强调试题的真实性和情景性，以便学生形成学习和使用英语的能力；其次，要减少客观题，使主观题和开放性试题的比例增大；最后，既要重视试题的答案，又要重视解题过程。

第九章　高校英语教学的发展路径与趋势

第九章 高校英语教学的发展路径与趋势

第一节 高校英语教学的创新性发展路径

新时期，国家和社会对人才培养提出了更高的要求，教师必须顺应时代发展需要，转变思想，改变自身以往在课堂中扮演的角色，充分发挥学生学习的主动性与自觉性，使其在学习过程中处于主导地位，从而实现高校英语教学的创新，取得好的教学效果。

一、创新教学思路

高校英语教学创新性发展的前提就是要对教学思路进行创新。教师要转变以往的教学思路，从让学生死记硬背知识点转变为加深学生对文章的理解，从重视英语阅读转变为重视英语的听和说，从重视学生对语法的掌握转变为重视学生语感的培养，培养学生的英语综合应用能力。只有这样，才能取得好的教学效果，培养出符合社会需求的英语人才。

二、优化教学环境

良好的教学环境可以提高学生的学习效率，因此要想培养学生的创新思维，促使高校英语教学创新性发展，客观上需要一个相对宽松与舒适的学习环境。只有在良好的学习环境中，学生才能拥有相对轻松、愉悦的心情。这种心情也能够在某种程度上不断激发学生的学习欲望，而在这一欲望的驱动下,学生的创造力与想象力将得到最大限度发挥。教学环境的优化涉及面较广,不仅指客观的课堂教学环境(如教学设备),还涉及参与者之间的关系(如师生关系)。这里重点谈论师生关系对教学环境的影响。和谐的师生关系有利于营造良好的教学环境;紧张的师生关系不利于营造良好的教学环境。因此,教师在教学中要注意与学生始终保持和谐的关系。首先,教师应当采取鼓励式教育法,也就是说,无论是学生在学习上取得进步时,还是学生在其他擅长的领域表现得比较出色时,教师都应当及时地对其进行鼓励与表扬,增强学生的自信心,从而促使学生积极学习。换句话说,教师要善于发现学生身上的闪光点,不断地给予他们肯定与表扬。只有这样,学生的学习主动性才能被激发出来,学习成绩才会越来越好。其次,教师应当努力营造出一种相对轻松、活跃的课堂教学环境,通过不同渠道积极搜集与教学相关的资料,丰富课堂教学内容,开阔学生视野,鼓励学生在课堂上踊跃发言,并以小组讨论的形式展开自主探究式的学习,提高学生自主发现问题、分析问题以及解决问题的能力。最后,当学生在校园内做出违反校规以及其他不良行为时,教师不应简单粗暴地对学生进行批评与指责,而应当先站在犯错学生的立场上与其进行情感交流,引导学生逐渐意识到自己犯下的错误,让学生感受到教师发自真心的关怀,帮助学生改正错误,树立正确的世界观、人生观、价值观。

三、革新教学方法

(一)情景教学法

首先,教师在进行情景教学之前,要告知学生本节课的学习目的,让学生有目的性地参与到情景教学的活动中去,激发他们的创造性与积极性。其次,教师创设的情景要具有一定的趣味性与时代性,这样才能使课堂教学氛围活跃起来,促进学生之间的交流,培养他们自主思考与解决问题的能力。

（二）师生角色互换教学法

师生角色互换教学法是指在课堂上由学生扮演教师的角色给其他学生讲课，教师则代替学生坐在教室里听学生讲课的一种教学方法。这样做的好处是学生可以通过授课使自身的理论知识得到进一步巩固，还可以增强自身的表达能力与沟通能力。

（三）课堂表演教学法

课堂表演教学法深受学生喜爱，运用该教学方法一方面可以增强学生的参与感，另一方面可以在一定程度上激发学生的学习积极性与主动性。对于参与表演的学生而言，他们在角色扮演的过程中可以更加深刻地理解与掌握课堂所学知识；而对于台下观看表演的学生来说，他们通过对表演者的点评与交流，也能够进一步巩固课堂所学知识。此外，这样的教学方法在某种意义上说，有助于学生英语综合应用能力的不断提高。

四、培养学生的求异思维

传统的课堂教学大多属于填鸭式教学，教师单方面向学生灌输知识，学生只能被动接受。现在，这种陈旧的教学模式早已悄然发生转变，教师在教学过程中已经不再居于主体地位，学生成了学习的主体。在以学生为主体的课堂教学中，教师要不断鼓励学生自主学习与独立思考，培养学生的求异思维，使他们在问题解决方面能够做到另辟蹊径。

第二节 高校英语教学的未来发展趋势

一、个性化教学

个性化教学是指对学生进行综合调查、测试、分析、诊断，依据学生的学习基础、学习能力、学习心理等，设置不同的教学内容，采用不同的教学方法，以促进学生全面发展，适应社会发展需要的教学方式。近年来，个性化教学在高校英语教学领域逐渐受到重视，官方文件对高校英语个性化教学提出了明确的要求，如教育部在《关于开展大学英语教学改革试点工作的通知》中强调要"充分利用现代教育技术，构建个性化的大学英语教学模式"。《大学英语课程教学要求》规定，课程设置"要充分体现个性化，考虑不同起点的学生，既要照顾起点较低的学生，又要给基础较好的学生创造发展的空间；既能帮助学生打下扎实的语言基础，又能培养他们较强的实际应用能力尤其是听说能力；既要保证学生在整个大学期间的英语语言水平稳步提高，又要有利于学生个性化的学习，以满足他们各自不同专业的发展需要""各高等学校应参照《课程要求》，根据本校的实际情况，制定科学的、系统的、个性化的大学英语教学大纲，指导本校的大学英语教学"。而个性化教学的实施需要一定的理论作为基础。具体来说，个性化教学的理论基础如下。

（一）建构主义理论

个性化教学的理论基础之一是建构主义：人类是在已知和未知之间寻求平衡的过程中认识外界的。要实现这种平衡，必须通过同化和顺应，人类的认识是在"平衡—不平衡—平衡"的连续循环中得到不断提高、丰富和发展的。维果茨基（Vygotsky）和布鲁纳等人从认知结构的性质与发展条件、人类社会环境对心理发展的影响以及个体的主动性在建构认知结构过程中的重要作用等方面进行了大量研究，最终形成了比较完整的建构主义理论。从此，建构主义理论得以具体应用于教育教学。建构主义理论认为，学习是学习者建构知识的过程，在这个过程中学习者学习的新知识与学习者原有知识经验相互作用，并不是一个从外到内的单向信息输入。具体而言，学习者是在原有知识或经验的基础之上构建知识，并加强对新信息和新知识的掌握的。既然学习者的学习依赖其原有的知识或经验，就要求在英语教学中进行个性化教学，因为个性化教学是根据不同学生的知识经验来开展教学活动的，有利于学生主动、积极地学习。

（二）多元智能理论

多元智能理论认为，个体有八项基本智能，即数学逻辑智能、自我认知智能、身体运动智能、自然认知智能、空间智能、人际智能、音乐智能、语言智能。这一理论是由美国教育心理学家加德纳提出的。在他看来，过去单一的仅依靠智商去衡量人才的标准太过片面化，影响个体成长与发展的因素有很多，每个个体正是由于上述八项智能的综合作用而形成了自己独一无二的特性，将这一理论应用于教育领域，则强调对人才衡量标准的转变，即由单一的人才衡量标准转变为多元的人才衡量标准。这一理论也从侧面论证了教育需要个别化的可能性以及必要性。教师应当结合不同个体的实际情况，引导其充分发挥自身智能优势，从而在英语学习中增强学生的自信心，最大限度地激发学生合作学习与自主学习的热情。

二、ESP 教学

(一) ESP 教学的产生及特点

1.ESP 教学产生的背景

ESP（English for specific purposes）的意思是专门用途英语，其产生的主要原因是除了社会发展的需要之外，还有语言学领域的革命及教育心理学的发展的需要。传统的语言学致力描述英语语言的使用规则，社会语言学的研究则让人们转向注重在实际交际当中英语语言的具体运用。人们在不同的场合说话或写文章都有不同的目的以及不同的表达方式，因此英语教学也应侧重这种差异，以便取得最佳教学效果。同时，教育心理学开始强调学习态度和学习动机对学习效果的重要影响，因而教学的重心应由传统的"以教师为中心"转向"以学生为中心"。这些领域的研究成果都为 ESP 的形成和发展奠定了理论基础。

2.ESP 教学的特点

人们说到 ESP 总是简单地把它等同于旅游英语、科技英语、商务英语或等同于教授英语的特殊语体，这种理解不甚全面。哈钦森（Hutchinson）和沃特斯（Waters）曾给 ESP 做出明确定义："ESP 不应该被视为一种特殊类型的语言或教学法，它也不只包括某一种特定的教材。事实上，它是一种探讨各种基于学习者需求的语言教学和语言学习方法。"[①] 基础英语阶段，学习者接受普通语言的课程学习，语言本身是主题和课程目的。而 ESP 教学主要是指学生通过学习英语获取自己从事某个工作的知识或技能。它注重学习者的目的。根据学习者的目的，不同目的的英语教学和学习便产生了。

通过了解 ESP 的定义和分类，笔者认为 ESP 教学的特点如下：一

---

① HUTCHINSON T, WATERS A. 特殊用途英语[M]. 上海：上海外语教育出版社，2002：65.

是 ESP 教学目标明确。学习者学英语不是目的，借助英语这一语言工具去学习某个特定的专业课程才是目的，教学中应注重学习者的目的。通过英语学习，学生能更好地学习专业知识，从而在未来的工作中有出色的表现。二是 ESP 教学建立在对学习者的需要的分析之上，如学生在学习和工作中要进行何种交际活动，这些交际活动需要他们有什么样的知识和能力，学生在学习英语过程中有什么需要等。三是 ESP 教学注重语用能力的培养。学生主要是要熟练掌握自己的专业范围内的英语知识，以满足用英语进行交际的需要，即学生学习语言知识是为了运用语言知识。

（二）ESP 教学的策略

要解决目前 ESP 教学面临的难题，笔者认为需要做好以下几个方面的工作。

1. 明确 ESP 的课程定位

EGP（English for General Purposes），即通用英语或一般用途英语，其教学重点是通用的语言知识和技能。而 ESP 有独特的句法和结构模式，其教学不只是英语语言技能的训练，是语言技能训练和专业知识学习的结合，开设 ESP 课程的宗旨主要是"加强基础，拓宽专业，提高能力，学以致用"。可以说，ESP 属于 EGP 的运用提高阶段，是 EGP 的延伸。

2. 加快 ESP 教材的开发编写

各高校经过多年的摸索和实践，虽然可能在引进、改编或自编 ESP 教材方面积累了一定的资料素材或经验，但这对国内 ESP 教学整体水平的提高起到的作用不大。教育主管部门应以 ESP 教学开展情况良好、现有 ESP 教材反响不错的院校为主，尽快组织有关专家和教学经验丰富的一线 ESP 教师编写一套符合中国国情的 ESP 教材。

3. 强化 ESP 师资培训

高校 ESP 教学面临诸多问题，其中问题之一就是师资问题。在 ESP 教学中，无论是教材的编写、课堂教学的组织，还是教学方法的实施及教学效果的评估，都离不开教师。可以说，教师是决定 ESP 教学成败的关键性因素。师资培训的具体方法主要有三种。

（1）送出去——各高校可根据自身实际情况分批选派一些年轻、外语基础好、有一定专业知识基础的教师去国内或国外的 ESP 教学师资培训基地进修学习。

（2）请进来——定期邀请国内外 ESP 专家、学者来学校进行专题讲座。

（3）鼓励教师参加校际 ESP 公开课、交流会等活动，为他们提供学习锻炼、开阔眼界的机会，并通过传、帮、带的培养模式来促进青年教师的快速成长。

4. 建立 ESP 网上资源库

计算机技术的发展，特别是多媒体技术、网络信息技术的飞速发展，使得教学理念发生了根本性的变化。国家高等教育主管部门可以牵头，筹建一个专门的 ESP 网络资源平台，汇聚全国高校的各种 ESP 资源，供全国 ESP 教师相互交流学习，资料共享，互通有无。这必将大大节约各高校在 ESP 教学研究方面的人力、物力和财力投入，快速缩小各高校间 ESP 教学水平的差距，并极大地提升国内 ESP 教学的整体水平。

参考文献

[1] 常焕辉. 现代英语写作理论及教学改革研究 [M]. 北京：团结出版社，2018.

[2] 陈德泉，虞晓东. 高校英语教学创新模式探索：基于浙江工商大学英语教学的实证 [M]. 杭州：浙江工商大学出版社，2009.

[3] 高红梅，管艳郡，朱荣萍. 高校英语教学创新性研究 [M]. 长春：吉林人民出版社，2021.

[4] 郭慧莹. 应用语言学理论视阈下高校英语教学实践研究 [M]. 北京：冶金工业出版社，2020.

[5] 韩俊芳，吴英华，贾世娇. 任务型学习法与高校英语教学 [M]. 广州：广东旅游出版社，2019.

[6] 何冰，汪涛. 翻转课堂与英语教学 [M]. 长春：吉林人民出版社，2019.

[7] 黄芳. 新时代下高校英语阅读与词汇教学研究 [M]. 长春：吉林人民出版社，2019.

[8] 李春兰. 跨文化交际理论应用于高校英语教学的实践研究 [M]. 徐州：中国矿业大学出版社，2018.

[9] 李清. 高校英语跨文化教学研究 [M]. 长春：吉林人民出版社，2020.

[10] 李婷. 跨文化交际研究与高校英语教学创新探索 [M]. 北京：九州出版社，2019.

[11] 刘亚娜. 高校英语教学理论与实践探究 [M]. 长春：吉林人民出版社，2020.

[12] 卢昕，马春线，宋凯. 高校英语教学的基础理论与应用研究 [M]. 北京：九州出版社，2017.

[13] 鲁静. 思维创新在高校英语教学中的应用 [M]. 长春：吉林人民出版社，2020.

[14] 秦初阳，孙金凤，丽娜. 跨文化视域下的高校英语教学理论体系重构探索 [M]. 长春：吉林人民出版社，2021.

[15] 任文林，张雪娜，郑伟红. 新时期高校大学英语教学研究 [M]. 成都：电子科技大学出版社，2017.

[16] 宋建勇. 高校英语任务型教学与评价研究 [M]. 西安：西安交通大学出版社，2017.

[17] 王磊. 高校英语教学转型发展研究 [M]. 长春：吉林人民出版社，2019.

[18] 王磊. 互联网+背景下高校英语有效教学研究 [M]. 长春：吉林人民出版社，2019.

[19] 王志南. "互联网+"时代高校英语教学优化与创新实践研究 [M]. 长春：吉林大学出版社，2020.

[20] 吴文亮. 信息化时代高校英语教学理论的解构与重塑 [M]. 长春：吉林大学出版社，2019.

[21] 徐道平，王凤娇，赵卫红. 互联网时代下高校英语教学研究 [M]. 长春：吉林人民出版社，2019.

[22] 杨雪静. 高校英语教学模式创新研究 [M]. 长春：吉林人民出版社，2019.

[23] 尹扬帆. 中国高校英语教学与研究 [M]. 上海：复旦大学出版社，2007.

[24] 于明波. 当代高校英语教学与混合式学习模式探究 [M]. 北京：中国纺织出版社，2019.

[25] 张富庄，董丽. 当代高校英语翻译教学研究 [M]. 长春：吉林人民出版社，2019.

[26] 张娇媛. 高校英语混合式教学与信息技术应用 [M]. 天津：天津科学技术出版社，2019.

[27] 张金焕. 高校英语教学设计优化与模式改革研究 [M]. 长春：吉林人民出版社，2020.

[28] 张迎春. "互联网+"背景下高校英语教学创新研究 [M]. 北京：中国原子能出版社，2021.

[29] 庞莹. 信息化背景下高校英语教学创新研究 [J]. 湖北开放职业学院学报，2022，35（13）：27-28.

[30] 李玉玲. 基于慕课的高校英语教学新模式分析 [J]. 海外英语，2022（12）：150-151.

[31] 孙楠. 计算机网络技术在高校英语教学中的运用分析 [J]. 海外英语，2022（12）：157-158，163.

[32] 吴美欣. 通识教育理念下的高校英语教学思考 [J]. 新课程研究，2022（18）：28-30.

[33] 薛娜. 新时代高校英语教学信息化移动学习的模式构建研究 [J]. 湖北开放职业学院学报，2022，35（11）：168-169.

[34] 蔡曙婷. 浅谈多元文化交融对当代高校英语教学的影响 [J]. 大学，2022（14）：189-192.

[35] 伏平. "互联网+"思维模式下的高校英语教学 [J]. 校园英语，2022（19）：19-21.

[36] 杜泽兵. "互联网+"背景下的高校英语教学策略 [J]. 山西财经大学学报，2022，44（增刊1）：187-189.

[37] 陈琛，李小花，周芬芬. 多维互动教学模式在高校英语教学中的实践与应用 [J]. 现代英语，2022（8）：9-12.

[38] 邓妍. 互联网背景下高校英语教学管理优化途径研究 [J]. 海外英语，2022（6）：124-125，149.

[39] 褚娟. 情景教学法在高校英语教学中的应用意义探讨 [J]. 产业与科技论坛，2022，21（6）：149-150.

[40] 陈莉. 新媒体时代高校英语教学创新研究与改革路径 [J]. 海外英语，2022（5）：116-117.

[41] 莫敏香. 混合式教学法在高校英语教学中的应用 [J]. 江西电力职业技术学院学报，2022，35（2）：63-65.

[42] 郭亚培. 融媒体背景下高校英语教学策略创新研究 [J]. 昭通学院学报，2022，44（1）：115-120.

[43] 赵媛媛. 高校英语教学中课堂互动教学模式的应用研究 [J]. 校园英语，2022（8）：63-65.

[44] 秦雯. 谈互动式教学模式在高校英语教学中的运用 [J]. 江西电力职业技术学院学报，2022，35（1）：59-61.

[45] 陈洁. 新媒体时代对高校英语教学的影响及发展路径 [J]. 校园英语，2022（4）：17-19.

[46] 牛美书. 现代信息技术与高校英语教学科学融合研究 [J]. 数据，2021（11）：143-145.

[47] 孔雨萌. 新经济时代高校英语教学改革思考 [J]. 现代英语，2021（21）：31-33.

[48] 吴娟. 基于信息化技术的高校英语教学实践探究 [J]. 校园英语，2021（43）：85-86.

[49] 杜凌俊. 高校英语教学中英语词汇教学模式解析 [J]. 海外英语，2021（20）：135-136.